丛书总主编　卜延军　唐复全
丛书副总主编　汪维余　马保民　王道伟　武　静

未来军事家学识丛书(之十八)

国防建设

生存发展的安全保障

（II）

编　著　王道伟　陆惠烨

蓝天出版社
www.ltcbs.com

图书在版编目（CIP）数据

国防建设：生存发展的安全保障. II／王道伟，陆惠烨编著.
—北京：蓝天出版社，2015.10
（未来军事家学识丛书／卜延军，唐复全主编）
ISBN 978 - 7 - 5094 - 1464 - 4

Ⅰ.①国…　Ⅱ.①王…②陆…　Ⅲ.①国防建设
Ⅳ.①E115

中国版本图书馆 CIP 数据核字（2015）第 257990 号

编　　著：王道伟　陆惠烨
责任编辑：金永吉　王燕燕
封面设计：李晓玮

出版发行：蓝天出版社
地　　址：北京市复兴路 14 号
邮　　编：100843
电　　话：010 - 66987132（编辑）010 - 66983715（发行）
总 经 销：全国新华书店
印　　刷：北京龙跃印务有限公司
开　　本：690 毫米 ×960 毫米　1/16
印　　张：13
字　　数：160 千字
版　　次：2016 年 1 月第 1 版
印　　次：2016 年 1 月第 1 次印刷
印　　数：1 - 3000 册
定　　价：29.80 元

编辑室电话：010 - 66987132 民线，0201 - 987132 军线
订 购 热 线：010 - 66985193 民线，0201 - 985193 军线

总　序

"江山代有人才出，各领风骚数百年"。每个时代都必然会出现属于这个时代的军事家。那么，未来军事家将从哪里诞生呢？我们在翘首！我们在呼唤！

世界著名军事家拿破仑曾经说过："每一个士兵的背囊里都有一根元帅杖。"细细地品味这句名言，说得多么得好啊！它告诉我们：每一位将帅都不是天生的，都是从士兵或基层军官成长起来的；同时，任何一个士兵，都有可能通过自己的努力而一步步地获得晋升——从尉官到校官、从校官到将官，甚至荣膺元帅。

我们知道，拿破仑自己就是出生于科西嘉的一户破落贵族家庭，从一名律师的儿子，在接受了一定的军事理论教育之后，先是被任命为炮兵少尉，继而中尉、上尉，在土伦战役中一举成名并被破格晋升为准将，再后来，一步步地成为法国的最高统帅。而拿破仑旗下的元帅之中，据说，著名的内伊元帅是一名普通箍桶匠的儿子，拉纳元帅是一名普通士兵的儿子，而以勇敢著称的勒费弗尔元帅则曾是一个目不识丁的士兵……历数古今中外的著名将帅或军事家——吕望、曹刿、孙武、吴起、田忌、孙膑、韩信、李广、曹操、诸葛亮、周瑜、祖逖、拓跋焘、李世民、李存勖、狄青、岳飞、成吉思汗、朱元璋、戚继光、努尔哈赤、郑成功、毛泽东、朱德、彭德怀、刘伯承，亚历山大、汉尼拔、恺撒、古斯塔夫、苏沃洛夫、库图佐夫、克劳塞维茨、恩格斯、福煦、麦克阿瑟、朱可夫，等等，——这些灿若星辰的军事翘楚，又有哪一位天生就是将帅或军事家的呢？不论他们是出身官宦商贾之家，还是出身布衣贫民之室，也不论他们曾受训于著名军事院校，还是博古通今自学成才，更不论他们是文官还是武将或是文武兼备，他们都共同地经受了一定的军事理论和相关知识的熏陶，特别是经历了战争或军事实践的锤炼，于是才有了一个由低级军阶到高级军阶的发展进步历程。

那么，欲问未来军事家的成长和出现，会有什么例外吗？回答是：概莫能外！"问渠哪得清如许，为有源头活水来。"要打造未来的军事家，只能是从"源头"也即从现在着手——学习军事理论、把握相关知识，并在战争或军事实践中增长才干、得以提高。我们的这一观点，或许会引来这样的质疑：在今天相对和平时期，没有实际的烽火硝烟的"战争熔炉"，未来军事家这一"钢铁"何以能够练就？我们认为：没有别的更好的办法，如果不能直接地从战争中学习战争，那就只有间接地从前人的战争和他人的战争中学习战争。纵观历史，几乎没有哪一个伟大的统帅不曾认真地研读过前人的兵书战策；那些初出茅庐便脱颖而显出治军才干的传奇人物，也都是因为他们善于借助间接经验的基石，从而为自己建造了战争艺术的金字塔。在人类战争史的长河中，我们的前人或他人所亲历的战争，总是以经验、理论或知识的形式得以传承，在这种传承过程中，前人或他人的东西总是被后人所学习、所扬弃、所超越！过去的、现在的东西，也总是被未来的所替代！

本着这一宗旨和理念，我们为潜在的、可能的未来军事家们，设计并编纂了一套军事理论和相关知识方面的图书，我们很是珍爱地将其取名为"未来军事家学识丛书"，目的就是要为我军年轻的士兵和基层军官，同时也为社会上那些有志青年和广大军事爱好者，提供一套可资学习、了解和借鉴的军事学识方面的书籍。

俗话说，"不想当将军的士兵，不是好士兵"。同理，不想成为军事家的军人或军事爱好者，也不是真正好的军人和爱好者。而要成为一名军事家，也许（仅仅是也许）存在着某种天赋，但绝对离不开后天的军事理论的学习和军事实践的锤炼。该套丛书，针对当代职业军人和广大军事爱好者的特点和兴趣，特别是针对这个群体中广大基层官兵、莘莘学子和社会青年的特点和兴趣，从中外军事历史、军事理论、军事科技、军事文化和战争实践或军事实践等所汇聚的军事知识海洋中，萃取其精要和"管用"的知识，精心打造了一套军事知识与军事精神的文化大餐，倾力巨献，是以飨之。

该套丛书按相关军事学科和专有知识编成，共15种，包括：1.《兵书精要：军事实践的理性升华》；2.《将帅传略：铁马金戈的战争舞者》；3.《战史精粹：铁血凝成的悲壮乐章》；4.《指挥艺术：作战制胜的有效法宝》；5.《军事谋略：纵横捭阖的诡道秘策》；6.《军事科技：军事革命的开路先锋》；7.《武器装备：提升军力的重要因素》；8.《军事后勤：战争胜败的强力杠杆》；9.《国防建设：生存发展的安全保障》；10.《军事演习：近似实战的综合训练》；11.《兵要地理：军事活动的天然舞台》；12.《军事制度：军队建设的基本法度》；13.《军事条约：管控兵争的协和约定》；14.《军事文化：文韬武略的历史积淀》；15.《军事檄文：激扬士气的精神号角》。

这套丛书的编纂，我们在坚持科学性、学术性、知识性的前提下，力争注入通俗性、可读性和趣味性的元素。每种图书，均抽取各军事学科和专有知识的基本内容，按一定的内在逻辑排序，并以图文并茂的形式、清新活泼的语言，夹叙夹议，娓娓陈述，同时附加言简意赅的学术性、导读性、总括性、按语性点评，以收画龙点睛之效。

需要说明的是，这套丛书的编纂过程，实际上也是我们每位参与者向前人和他人学习、借鉴、创新的过程。虽然我们已在每本书之后按学界的惯例注明了主要参考文献及其出处，以示我们对被参考者及其作品的尊重，但那还不足以表达我们对他们的感谢之情，在此，我们全体编者特向这些老师们表示深深的谢意，因为我们深知我们是站在老师们的肩膀上才得以成就这套丛书的。同时，这套丛书的编纂和出版，也得益于相关领导、专家、学者的宏观指导和具体建议，特别是得到了蓝天出版社金永吉社长、胡耀武副社长、陈学建编审等同志的大力指导，也得到了各书责任编辑认真的编辑加工，还有各书责任校对默默无闻的辛勤劳作。在此，我们也深深地向他们表示感谢。我们的真诚谢意既溢于言表，同时又深感无以言表。

现在，这套丛书承载着我们的编纂宗旨和理念，承载着各位编者的心血和汗水，承载着我们的前人和他人的辛勤和劳作，也承载着相关领导、专家、学者的嘱咐和希望，终于与读者朋友们见面了。亲爱的读者朋友们，你们是这套丛书的最终也是最高的评判者，我们全体编者一定恭听你们的宝贵意见，以使其更加完善，进而，更好地服务于全民国防观念的提升，更好地服务于高素质军事人才队伍的打造，更好地服务于当代革命军人战斗精神的培育，更好地服务于和谐社会、小康社会的建设。

付梓之际，是为总序。

丛书全体编者
2014 年 4 月

目 录 ★★★

第一章 制胜的基石——国防科技工业建设

美国国防科技工业：独占鳌头

美国拥有世界上最为发达的国防科技工业，在满足国家当前和未来安全需要的同时也为占这一行业绝对多数的私营企业带来巨额利润，是世界上最大的军火商，世界最知名、最先进的战机、航母、核潜艇均产自于美国。

目前，美国拥有数千家军工企业，若将生产军用电子产品的企业包括在内则有近万家企业。其中，从事航空航天产品制造的企业大约有1700家，绝大多数是私营企业，空军也有部分负责维修和修理的工厂；重要的兵工企业约有200家，其中有一定比例的国有国营和国有私营企业，基本由陆军部下属的陆军工业经营局负责管理；主要船厂有200余家，主要是私营企业，海军也有几家国营船厂；核武器设计和生产部门都集中在能源部，在民用核工业领域目前具有一定规模的与核相关的企业有近1000家；经营军事电子工业的企业大部分都兼营军品和民品，多为私有企业，在16000多家电子公司中约有6500家有军品生产的业务。在美国国防科技工业企业中的系统主承包商通常都是些大公司，它们的主要任务是研制产品的重要部件和核心系统，并进行全系统集成。这些企业多是跨专业领域的私营企业，既有军品销售额占很大比例的大公司，例如洛克希德·马丁公司、诺斯罗普·格鲁门公司、通用动力公司、雷神公司、联合防务公司，又有民品占较大比例的公司，例如波音公司、轨道科学公司、联合技术公司等。

航空工业。美国航空工业从诞生到现在，已跨越了百余年的发展历程，成为世界上销售额最高、技术最先进、产品种类最齐全、国内供应商体系最完备的航空工业。美国航空航天工业大约有1700多家企业，在英国《国际飞行》杂志公布的2001年世界航空航天企业百强中，美国公司占据了46个席位，这46家公司的销售额占世界100强总销售额的61％。在世界前10强中，美国公司占到了7家，分别是波音公司、洛克希德·马丁公司、雷神公司、联合技术公司、诺斯罗普·格鲁门公司、通用电气公司和霍尼韦尔国际公司。其中，洛克希德·马丁公司主要产品包括美国海军所有潜射弹道导弹、战区高空区域防空系统、通信卫星系统、F-16、F-22和F-35（JSF）等战斗机，U-2间谍侦察机、SR-71"黑鸟"战略侦察机，C-5系列"银河"大型军用运输机及岸基反潜机P-3系列、C-130系列军用运输机、军用电子系统、飞行训练辅助设备、火控系统和空中交通管制设备等，占据美国防部每年采购预算 1/3 的订货，控制了 40% 的世界防务市场，几乎包揽了美国所有军用卫星的生产和发射业务，当前，除了在生产更多 F-16 飞机外，手中还有美国、英国等国近 2600 架 F-35 飞机的订货承诺，是世界级军火"巨头"；波音公司是世界上主要的民用和军用飞机生产厂家之一，也是世界上最大的航空制造公司，著名跨国公司，主要业务是开发、生产销售空中运输装备，提供相关的支持服务和研究生产各种战略战术导弹和空间开发产品，如防御署的地基中程防御项目、国家侦察办公室的未来成像系统、美空军运载火箭项目，以及美国航空航天局的国际空间站项目等；雷神公司是雷达（包括 AESA）、光电感测器和其他供陆、海、空军事设备使用的先进电子系统方面世界领先的研发和制造商，产品包括：F-15"鹰"式战斗机使用的 APG-63 和 APG-70 雷达，F/A-18"黄蜂"战斗攻击机使用的 APG-65、APG-73 和 APG-79 雷达，F-22"猛禽"战斗机使用的 AN/APG77 雷达（与诺斯洛普·格鲁门公司合作发展），F-14D"雄猫"战斗机使用的 APG-71 雷达，B-2 隐形轰炸机使用的 APQ-181 雷达，RQ-4"全球鹰"的整合感测套件及搜寻海面目标的 SeaVue 系列雷达等，还有机动雷达，如 TPQ-36/TPQ-37"寻火者"雷达和 MPQ-64"哨兵"雷达，大型固定式雷达，如"铺路爪"、BMEWS 和美国国家飞弹防御系统的 X 波段雷达（XBR）等。

　　美国拥有世界上最完善的航空工业制造体系，能开发和制造最为完整的产品体系，既包括价值上亿美元的集诸多高科技设备于一身的先进战斗机、遍及世界各地的大型民航客机、种类齐全的各种军用特种飞机、各种军、民用直升机和大量的通用航空飞机等平台产品，又包括作为飞机"心脏"的高性能航空发动机、极大地提高飞机性能的机载电子设备，各种先进机载武器等各类与平台产品配套的分系统，还有更多的集成于平台和分系统中的高科技先进零部件产品。主要的飞机类产品包括：战斗机/攻击机，F-15 双发重型超声速战斗机，用于夺取战区制空权同时兼具对地攻击能力；F-16 单发轻型多用途战斗机，主要用于空战，也可用于对地攻击和近距空中支援；F/A-18 双发超声速舰载和陆基战斗/攻击机，主要用于护航和遮断；F-117A 双发隐身战斗攻击机，主要用于对地精确攻击，F/A-22 第四代先进重型战术战斗机，计划用于取代现役 F-15，执行空中优势任务；F-35（联合攻击战斗机 JSF）低成本多用途第四代轻型先进战术攻击机，可同时满足空军、海军和海军陆战队需要，与F/A-22 搭配使用。

　　轰炸机，B-1B 变后掠翼超声速远程战略轰炸机，主要用于执行战略突防轰炸、常规轰炸、核打击、海上巡逻；B-2 战略隐身轰炸机，主要任务是利用其优异的隐身性能从高空或低空突破敌方的防空系统，对战略目标实施核打击或常规轰炸。此外还有，预警机、C-17A 战略战术运输机、C-

V-22 军用运输机

RAH-66 "科曼奇" 武装直升机

130 "大力士" 中型多用途战术运输机，RAH-66 "科曼奇"双座侦察/攻击直升机，贝尔直升机公司和波音公司联合研制的双发 V-22 "鱼鹰" 倾转旋翼机等，还有 "全球鹰"、"掠夺者" 等无人机。

航天与导弹工业。美国的航天和导弹企业主要分三类。

B-2 战略隐身轰炸机

第一类是从事运载器、航天器和导弹总体研发和生产的企业。运载火箭的主要生产厂商有波音、洛克希德·马丁、洛克韦尔和轨道科学等公司，其中波音公司是"德尔它"火箭的主承包商，洛克希德·马丁公司是"宇宙神"、"大力神"和"雅典娜"火箭的主承包商，轨道科学公司是"飞马座"和"金牛座"火箭的主承包商，洛克韦尔公司是航天飞机的主承包商。航天器的主要制造厂商有波音、劳拉、洛克希德·马丁和诺斯罗普·格鲁门等公司。导弹总承包商主要有波音、洛克希德·马丁、通用动力、雷神和洛克韦尔等公司，其中，通用动力、波音、洛克希德·马丁等公司为战略弹道与潜射导弹"民兵"3、"和平卫士"、"侏儒"、"三叉戟"1、"三叉戟"2的主承包商。波音和通用动力公司为各种战略和战术巡航导弹的主承包商；雷神公司、通用动力公司和洛克希德·马丁公司等为防空导弹的主承包商；波音、洛克希德·马丁和洛克韦尔等公司为空地导弹和反舰导弹的主承包商。

第二类是从事航天产品和导弹的推进、制导和控制等系统生产的企业。推进系统的主要生产企业有波音公司、航空喷气公司、联合技术公司及其子公司 ATK 锡奥科尔推进公司、普惠公司、威廉姆斯公司和马夸特公司等20余家。"德尔它"、"宇宙神"和"大力神"火箭的第一级、第二级发动机主要由波音公司、普惠公司和航空喷气公司制造；运载火箭和战略弹道导弹的固、液第二级发动机和固体捆绑助推器主要由 ATK 锡奥科尔推进公司和普惠公司制造；战略导弹的第一级、第二级固体发动机由 ATK 锡奥科尔推进公司和航空喷气公司制造。威廉姆斯公司主要制造空射和海射巡航导弹的涡喷发动机，马夸特公司主要制造冲压发动机。从事制导和控制系统的主要生产企业有诺斯罗普·格鲁门公司、霍尼韦尔公司、波音公司、雷神公司和洛克希德·马丁公司等 70 多家，其中运载器和战略弹道导弹的制导和控制系统承包商主要有诺斯罗普·格鲁门公司、霍尼韦尔公司和波音公司。战术导弹的制导和控制系统承包商主要有雷神公司和洛克希德·马丁公司。

第三类是从事与航天和导弹有关的配套支援性工作的企业，其中以制造卫星和运载器配套产品的公司数量最多。美国许多大型航天与导弹公司既承担总体的研制生产，又承担分系统的研制生产，有的公司既是某型号的主承包商，同时又是另一型号的分承包商。

主要航天产品有：航天运载工具，现役型号主要有"大力神"2、"大力神"4、"大力神"4B，"宇宙神"ⅡA、"宇宙神"ⅡAS、"宇宙神"Ⅲ、"宇宙神"Ⅴ，"德尔它"2、"德尔它"3、"德尔它"4，"雅典娜"Ⅰ、"雅典娜"Ⅱ，"飞马座"、"飞马座"XL 和"金牛座"等。目前世界上唯一实用的可重复使用运载器是美国现役的 3 架航天飞机："发现"号、"亚特兰蒂斯号"和"奋进"号。当前，美国正在发展第二代可重复使用运载器；航天器更是多种多样，卫星主要有侦察监视卫星、预警卫星、导航卫星、通信卫星、气象卫星以及其他对地观测卫星等，如我们所熟悉的"锁眼"KH-11、KH-12 侦察监视卫星和"长曲棍球"成像侦察卫星，"折叠椅"、"大酒瓶"、"入侵者"电子侦察卫星，以及白云海洋监视卫星等。

波音公司研制的新一代可重复使用运载器

主要导弹产品有：战略弹道导弹，如陆基型"民兵"3、"和平卫士"和海基型"三叉戟"1、"三叉戟"2；巡航导弹，如"战斧"系列、AGM-86 系列和 AGM-129A 先进巡航导弹；空地导弹型号有 40 多种，在研型号有 10 多种，现役型号主要有 AGM-65E、AGM-114 等近程空地导弹，AGM-84E、AGM-130 等中程空地导弹，AGM-84H、AGM-154C、AGM-86C 等远程空地导弹；现役地空导弹和舰空导弹各有 4 种系列：地空导弹有"爱国者"，"霍克"改、"复仇者"和"尾刺"；舰空导弹有"标准"1/2、"海麻雀"和"拉姆"；

常规对陆攻击巡航导弹（AGM-86C）

"和平卫士"战略弹道导弹

空空导弹，代表型号有"麻雀"、"响尾蛇"、"不死鸟"等。

兵器工业。目前，美国重要的兵工企业大约有200家，其中坦克装甲车辆企业约30家、火炮企业约50家、轻武器企业20余家、弹药企业9家、火控与指控电子装备企业8家、雷达企业6家、火药与推进剂企业10余家，其余几十家从事其他地面武器系统及装备的生产。21世纪初，美国兵器工业从业人员约10万人。其中从事轻武器研制生产的人员近6500人，高能炸药研制生产的人员约7900人。近年来，美国兵器工业年产值为250多亿美元。

兵器工业产品结构，主要有：坦克，包括M41与M551"谢里登"轻型坦克、M47中型坦克以及一代M48系列、二代M60系列和三代艾布拉姆斯系列如M1、M1IPM1、M1A1、M1A2、M1A2SEP主战坦克等。

装甲车，包括装甲人员输送车、步兵战车、装甲侦察车、指挥车以及各种工程技术和后勤保障车等，主要型号有

M113 系列、M75 及 M59 履带式装甲人员输送车、M2 履带式步兵战车、M3 履带式侦察车、"康曼多"轮式侦察车、M728 战斗工程车、艾布拉姆斯抢救车、M88 系列装甲抢救车、M40 与 M60 装甲架桥车、AAV7 系列两栖战车和 M911 牵引车等。

M109 自行榴弹炮

火炮，包括各种加农炮、榴弹炮、迫击炮、火箭炮、高射炮、坦克炮、反坦克炮、无后坐力炮、装甲车载炮、舰炮、海岸炮和航炮等。主要型号有 M198 式 155 毫米榴弹炮、M109 系列 155 毫米自行榴弹炮、M55 式和 M110 系列 203 毫米自行榴弹炮、M59 式 155 毫米加农炮、M107 式 175 毫米自行加农炮，M224 式 60 毫米迫击炮、M30 式和 M98 式 107 毫米迫击炮、M270 式 227 毫米多管火箭炮、M91 式 115 毫米火箭炮、M117 式高射炮、"火神" M61A1 式 20 毫米航炮、M32 式 76 毫米和 M41 式 90 毫米坦克炮，M18 式 76 毫米自行反坦克炮、MK39 式 127 毫米舰炮等。

轻武器，主要包括手枪、步枪、冲锋枪、机枪、榴弹发

M4T 战术"卡宾"枪

射器、火箭筒、喷火器、枪榴弹、手榴弹等。主要型号有
"鲁格"P-85 式和"柯尔特"2000 式 9 毫米手枪，M16 系列
自动步枪、M24 狙击步枪、M4 "卡宾"枪，"英格拉姆"
M6 式和 M9 式冲锋枪、12.7 毫米"勃朗宁"M2HB 重机枪、
XM174 式 40 毫米榴弹发射器、"莫斯伯格"500 和 5500 系
列 12 号霰弹枪、"赛卢姆"发光棒、M72 式 66 毫米火箭筒、
M444 式眩晕弹、M31 式 66 毫米反坦克枪榴弹和 M26 式系列
手榴弹等。

弹药包括各种炮弹、炸弹、地雷、反坦克导弹，引信和
火工品等，型号有 M712 型 155 毫米"铜斑蛇"半自动激光
制导炮弹、M483A1 型 155 毫米反装甲杀伤子母弹、M549 型
155 毫米火箭增程弹、M131 型布雷系统、M139 型"火山
式"布雷器、"加特"反装甲系统、ERAM 远程反装甲地雷，
以及"陶"式系列、"地狱火"系列反坦克导弹，"打击

者"、"标枪"单兵便携式反坦克导弹和先进重型反坦克（AAWS-11）导弹等。

美国纽波特纽斯造船厂

船舶工业。美国的船舶企业分为一级和二级船厂，六大船舶厂家建造了几乎所有海军舰船。这些船舶厂家是诺斯罗普·格鲁门公司所属的纽波特纽斯造船厂，阿冯达尔造船厂和英格尔斯造船厂，通用动力公司所属的电艇公司，巴斯钢铁公司和国家钢铁与船舶公司，其中的一些船厂拥有独一无二的能力，对海军建设有重要影响。美国的这些一级船厂很少承担商业船只建造，基本承担的都是海军和海岸警卫队造船项目。美国商业造船的80%由美国二级船厂完成，总产量还不到世界商业造船产量的1%。

船舶工业产品结构，美国凭借其雄厚的经济基础、技术实力，加之全球战略的需要，形成了世界上体系最为完善的海军舰艇和舰载装备体系。美国可自行研制和生产作战舰艇和军辅船等各种类型的舰船，作战舰艇包括潜艇、航空母

"俄亥俄"级战略核潜艇

舰、巡洋舰、驱逐舰、护卫舰、两栖战舰艇、水雷战舰艇以及快艇等，辅助舰船品种齐全。

主要产品有：航空母舰，纽波特纽斯造船厂是美国唯一能够建造航母的船厂，现役航母12艘；弹道导弹核潜艇，代表产品"俄亥俄"级，它是当前世界上最先进的战略核潜艇之一，美国弹道导弹核潜艇的主要建造厂商是纽波特纽斯造船厂和电艇公司，而现役18艘"俄亥俄"级艇全部由电艇公司建造；攻击型核潜艇，代表产品有我们所熟悉的"海狼"级、"弗吉尼亚"级；巡洋舰，代表产品有"提康德罗加"级；驱逐舰，代表产品有"斯普鲁恩斯"级和"阿利·伯克"级；护卫舰，代表产品"佩里"级；大型两栖战舰艇，主要有"黄蜂"级、"圣安东尼奥"级。此外还有水雷战舰艇和各种各样的军辅船（运输类、补给类、工程类、情报类、救援类、试验类、训练类及勤务类等）。

"提康德罗加"级巡洋舰

军事电子工业。美国军事电子工业的规模是世界最大的，美军在电子信息技术方面的研究、开发和采购开支占全球在此领域开支的 60%。其军事电子产品生产门类齐全、基础雄厚、技术先进，在美国的国防科技工业中占有重要地位。美国的电子公司有 16000 多家，从事军事电子产品生产的约有 6500 家。军用电子产品销售额在 10 亿美元以上的有近 20 家；在千万美元以上的有 100 余家，其中有 1/3 的公司军事电子产品销售额占公司总销售额的 50% 以上。经营军事电子的企业，大部分兼营军品和民品，多是私有私营企业，国有企业和国有私营企业为数不多。在 2001 年度世界国防科技工业公司 100 强中，美国军工企业有 50 家，其中与军事电子产品研制和生产有关的企业 34 家。

产品结构，美国电子工业产品门类齐全，从雷达、通信、电子战、导航、光电等整机装备到配套的电子元器件产品，从指挥控制系统、通信系统、预警控制系统、情报侦察系统、电子战系统、电子支援保障系统等战略、战术应用的独立军事电子信息系统到各种武器平台上的军事电子信息系

改进型"铺路爪"雷达　　　　　　E-3 预警机

统，从各军兵种应用的系统到国家级甚至全球应用的系统，其电子产品已覆盖满足当前及未来各种军事需求的领域。

核工业。经过多年的发展，美国已形成世界上规模最大的核工业。其军事核工业和部分民用核能开发主要由美国能源部主管，涉及核材料生产、核武器制造和核能的应用与开发。民用核工业由私营企业负责经营，主要集中在铀矿勘探、开采与加工、核燃料的生产、同位素应用、核能研究与应用。军事核工业一直是美国核工业的主体。根据《2008美国核力量报告》，美国现有核弹头约 5400 枚。在民用核工业领域，美国具有一定规模的核工业企业近 1000 家。美国是世界上拥有核电机组最多的国家，美国正在运营的核电机组有 104 座。自 20 世纪 40 年代以来，美国共生产和交付了65 个型号的核弹头，装备了约 116 种核武器系统，并为弹道导弹核潜艇、攻击型核潜艇、核动力巡洋舰、核动力航空母舰研制了核反应堆。

【点评】国防科技工业是军事能力的基石。美国国防科技工业水平相对于世界上其他国家，已经形成了"时代差"的优势，建立在其高水平国防科技工业基础之上的军事能力也是世界独一无二。美国正是凭借其超强的军事实力而进行全球干涉的。

俄罗斯国防科技工业：强势归来

苏联解体后，俄罗斯经济长期不景气，国防科技工业在结构、技术、人才、经济等方面均陷入了严重危机，加之军队装备订货锐减和订货资金不能及时到位，致使许多设计研究机构和企业债务缠身，科研生产任务不饱满，开工率低，生产设备日趋老化，严重阻碍了生产力的提高。但近几年来，随着俄罗斯国防科技工业结构调整的不断加快，俄罗斯国防科技产品出口年年向好，仅 2009 年上半年，国外武器订单总计就达 350 亿美元，合同订单的任务足够俄国内军工企业生产 4～5 年。俄罗斯国防科技工业大有强势归来之感！

俄罗斯国防工业系统已经形成了独立研制和生产各种先进常规武器和核武器的能力，建立了门类齐全、结构完整的国防工业体系。截至 2007 年 12 月，纳入俄国防工业综合体名单的，包括航空工业、导弹—航天工业、常规武器工业、弹药与特种化工工业、舰船制造工业、无线电工业、电子工业和控制系统、通信设备工业和核能工业在内的科研机构和生产企业共有 1389 家，从业人员将近 150 万。其中工业企业 728 家，科研机构 575 家，其他机构 86 家。

　　俄罗斯国防工业是其经济的最高科技领域，生产的科技和高科技产品超过全国的 70%，科技工作者超过 50%。俄国防工业的主要任务是保障俄武装力量在武器与军事设备上的需求，并拓宽民用高科技产品的生产和出口。据 2007 年统计的数据，在全国工业范围内，国防工业综合体在航空技术、民用航天、光学仪器、电子技术产品、工业爆炸物领域的生产份额均为 100%；在造船、无线电电子仪器行业的份额为 90%；在通信设备方面的份额为 70%；在复杂医学技术设备方面的份额为 60%；在燃料动力综合体高科技设备上的份额为 30%；在运输机械制造领域也保持着领先地位。俄罗斯国防工业综合体在调整改革的过程中，坚持多样化经营，努力提高高科技产品的市场竞争力，最近几年来国防工业的生产量及军、民品和两用产品出口量都有了显著的提高。俄罗斯装备出口额近几年持续增长，从 2002 年的 48 亿美元增长至 2006 年的 75 亿美元，2007 年俄罗斯装备出口额保持在 75 亿美元左右，2008 年增长至 83 亿美元，出口势头强劲。

　　从研制生产武器装备的部门结构上看，除了生产核武器、生物武器和化学武器等特种生产部门外，俄罗斯国防工业产业结构体系可分为：生产各种作战车辆的企业、生产炮兵武器的企业、生产步兵武器的企业、生产火箭和导弹武器系统的企业、生产 C^3I 系统的企业、生产弹药和弹头的企业、生产各种空战兵器（包括各型军用飞机和直升机）的企业、生产海战武器（包括航空母舰）的企业和生产航空器材的企业。

航空工业。俄罗斯是世界航空大国，有完善的科研机构、实验设计局和科研生产联合体，能设计制造各种军用和民用飞机、直升机、各式特种飞机以及各种航空发动机、机载武器、航空电子设备和附件等。2007 年，俄罗斯航空工业系统有工业企业和研究机构 227 家，从业人员约 60 万人。其研制和生产的"米格"和"苏"系列战斗机在国际上处于领先地位。拥有苏霍伊设计局、米格集团公司（2009 年 1 月宣布并入苏霍伊）、图波列夫设计局、雅克福列夫设计局、伊柳辛设计局、卡莫夫设计局、米里设计局等知名军工企业。

苏霍伊设计局。真正使苏霍伊设计局闻名遐迩的是苏-27 战机的出现，在 1989 年的巴黎航展中，苏-27 以其史无前例的"眼镜蛇机动"技惊全场，迄今为止，我们看到的苏-30、苏-32、苏-33、苏-34、苏-35、苏-37 等基本上都是以苏-27 原型机为基础，增加和改进某些先进的高技术设备而成的新型战斗机。苏-27 的改进型主要分为 3 类。空战型主要是苏-35 和苏-37，对地攻击型主要有苏-30、苏-32、苏-34 等，舰载型主要是苏-33。苏霍伊公司的老总曾经自豪地说："世界军机出口中，每 4 架中就有 1 架是苏式飞机。"

米格集团公司。迄今为止，公司已生产了 6 万余架飞机和直升机，其中 1.1 万架出口到全球 40 多个国家和地区。目前，米格公司的主要产品有米格-29 系列歼击机及其各种改进型、米格-31 截击机、米格-AT 教练机、卡莫夫系列直升机、伊尔-103 轻型飞机等。在众多产品中，米格-29 "支点"系列机是其拳头产品。

图波列夫设计局。开发了俄罗斯装备的从双活塞发动机的图-2 到图-160 超音速战略轰炸机的大部分轰炸机。目前参与图-95MS、图-22M3 和图-160 轰炸机升级工作，安装新导航装备和集成新型高精度武器。图-160 轰炸机在中断 10 年生产后于 2005 年交付俄罗斯空军一架，并将升级为图-160M。另一开发项目是图-204P 轰炸机，计划用单一平台取代伊尔-38、贝-12 和海上图-142 飞机，机身和发动机采用图-204 窄体客机机身和发动机。这种设计与美国最近提出的多功能海上巡逻机概念很相似，比后者提前了约 15 年。

米里设计局。其设计的米-28 直升机是米-24/米-35 攻击型直升机的后续型号，并已演变成米-28N 全天候攻击直升机，性能与美国 AH-64 "长弓阿帕奇"直升机相似。

当前，俄罗斯航空工业主要产品有：军用飞机和直升机。俄罗斯的军用飞机和军用直升机主要有米格、苏、雅

苏-33 舰载战斗/攻击机

克、米里和卡等系列产品。战斗机，主要有米格-29"支点"双发高机动性制空战斗机、米格-31"捕狐犬"全天候截击机、苏-25"蛙足"亚声速近距支援攻击机、苏-27"侧卫"重型制空战斗机、苏-30 重型战斗/攻击机、苏-33 舰载战斗/攻击机、苏-35 重型制空战斗机、苏-37 全天候超机动性战斗机、雅克-141 舰载超声速垂直/短距起降战斗机和雅克-38"铁匠"舰载垂直/起降战斗机等。

轰炸机。主要有图-160"海盗旗"可变后掠翼战略轰炸机、图-22"眼罩"超声速轰炸机和图-22M"逆火"可变后掠翼超声速轰炸机。

直升机。主要有卡-15 和卡-18 直升机；卡-25、卡-27 和卡-28 反潜直升机；卡-26 轻型直升机；卡-29 军用运输直升机；卡-31 电子战直升机；卡-32 全天候多用途直升机；卡-32K 起重直升机；卡-37 无人机以及卡-50 武装直升机，还有卡-52、卡-62、卡-64、卡-115、卡-126、卡-128、卡-137 和

图-22M "逆火" 超声速轰炸机

卡-226 等各种型号的直升机。还有米系列的米-171 直升机、米-24/米-25/米-35 "母鹿" 专用武装直升机、米-26 "光环" 重型运输直升机和米-28 "浩劫" 全天候专用武装直升机等。

特种飞机。主要有 A-50 空中预警指挥机、图-126 "苔藓" 空中预警和控制飞机、伊尔-38 "山楂花" 反潜和海上巡逻机、A-40 "信天翁" 多用途水陆两用飞机和别-200 多用途水陆两用飞机。

航天与导弹工业。苏联解体后，一部分航天与导弹工业的核心机构划归乌克兰和哈萨克斯坦等国家，但从俄罗斯航天与导弹工业的整体来看，基本保持了从研究、设计、试验到生产制造的完整体系，在苏联解体初期需要依赖乌克兰才能生产战略导弹（"白杨" 导弹），而目前已在逐步摆脱依赖的局面。

在洲际弹道导弹研制领域，进行陆基导弹设计的有莫斯

图-160"海盗旗"战略轰炸机

卡-52 武装直升机

科热工技术研究所、机械制造科研生产联合体等机构；负责潜射导弹设计的有马克耶夫设计局国家火箭中心；承担固体与液体战略和战术弹道导弹，以及"起点"号、"起点"1号运载火箭总装生产的有沃特金斯克制造厂、克拉斯诺亚尔斯克机器制造厂。

在运载火箭和航天器研制和生产领域，主要包括赫鲁尼切夫国家航天科研生产中心等十余家著名机构。其中，赫鲁尼切夫国家航天科研生产中心是"质子"号运载火箭、空间站舱段、通信卫星和遥感卫星的设计制造商，也是"安加拉"运载火箭的主承包商；进步中央专业设计局国家火箭航天科研生产中心承担联盟号、闪电号运载火箭和多种卫星的

陆基"白杨"洲际弹道导弹

研制；拉沃奇金科研生产联合体是运载火箭、火箭上面级和多种卫星、防空导弹的总装制造企业。

科罗廖夫能源火箭航天集团是各型"联盟"号飞船、"进步"号货运飞船、"和平"号空间站的主要研制机构；应用力学科研生产联合体是俄罗斯最主要的卫星设计和制造机构，产品包括民用和军用通信卫星、数据中继卫星、导航定位卫星、预警卫星等各种卫星；机械制造科研生产联合体承担载人和无人飞船、多种卫星的设计研制任务。

战术弹道导弹的研制机构主要有机械制造科研生产联合体和机械制造设计局，主要承担 SS-26、SS-23 和 SS-21 等公路机动近程弹道导弹的研制。

在地空导弹领域，设计研制机构主要有安泰科研生产联合体（现为安泰公司）、钻石科研生产联合体、火炬科研生产联合体、革新家股份公司和牛郎星国家科研生产联合体。其中前几家机构侧重于地空导弹的研制，典型产品包括安泰-2500、"斗士"（SA-12）、"格龙布"（SA-10）和"护手"（SA-15）系列防空导弹系统；牛郎星国家科研生产联合体则重点研制舰空导弹系统。

在反舰导弹、巡航导弹与空地导弹领域，主要研制机构包括革新家股份公司、战术导弹集团、机械制造科研生产联合体、彩虹机械制造设计局等。其中，革新家股份公司是核巡航导弹、反舰和反潜导弹的主要研制机构，典型反舰导弹产品包括"俱乐部"反舰导弹。彩虹机械制造设计局是大型反舰导弹和空地导弹的主要开发商，曾研制"日炙"（SS-N-22）超声速反舰导弹。

俄罗斯的航天产品，包括各种航天运载器、卫星和空间探测器、载人飞船与空间站，建立了完整的航天飞行控制与测量系统，开展了全面而丰富的航天应用与空间科学研究活动，是除美国之外航天产品最齐全、设施最配套的国家。航天产品，火箭如"质子"K/M火箭，卫星如GLONASS全球卫星导航定位系统。

导弹产品，俄罗斯的战略导弹水平还是具有世界一流水平的，SS-25导弹是世界上部署的第一款可以公路机动发射的洲际弹道导弹。用于大气层外拦截的SH-11和用于大气层内拦截的SH-08反导系统，均居于世界领先水平。其S-300、

S-400 和安泰-2500 防空导弹不但性能上大大优于美国的"爱国者"，而且具备防空与反导的双重作战能力。特别是"白杨-M"洲际弹道导弹，具有独辟蹊径的飞行控制技术，包括美国在内，目前尚没有一件可以拦截并击落它的防空武器。

兵器工业。俄罗斯能够研制和生产各类兵器装备，而且许多兵器具有世界领先水平，其研制和生产的兵器装备不仅供应本国部队，而且还大量出口。俄罗斯雄厚的科研实力为其大量研制和生产先进兵器奠定了基础。兵器工业中最为代表性的是坦克，主要有 T-54、T-55、T-62、T-72、T-80、T-90、"黑鹰"和 T95 等 8 个车族。从 20 世纪 90 年代初，俄罗斯在 T-72 和 T-80 的基础上，研制和生产了性能进一步提高的 T-90 主战坦克，该坦克性能优异，已经大量出口到印度等国。

T-90 主战坦克

船舶工业。俄罗斯造船业具有悠久的历史，形成了从研究、设计、生产、试验到使用保障的完整工业体系。2007

年，俄罗斯造船工业系统企业和研究机构共有 150 家，能够研制和生产弹道导弹核潜艇、攻击型核潜艇、常规潜艇、重型巡洋舰、驱逐舰等各种舰艇和配套武器系统（如舰炮、舰载防空导弹和反舰导弹、水下兵器等）以及船用设备。俄罗斯舰艇尤其是核潜艇、舰载武器的研制和生产均处于世界领先水平。著名的企业有：红宝石海洋工程中央设计局、金刚石设计局、北方设计局、花岗石中央研究所、仪表设计局、北方造船厂联合股份公司、北方机械制造企业联合体、阿穆尔造船厂联合股份公司等。

红宝石海洋工程中央设计局，是苏联/俄罗斯的潜艇研究设计机构，为苏联/俄罗斯研制设计了 4 代 20 多种型号的潜艇。苏联/俄罗斯的大部分弹道导弹潜艇、巡航导弹潜艇和攻击潜艇都是由红宝石海洋工程中央设计局设计的，包括世界上下潜最深的"麦克"级攻击型核潜艇、世界上最大的"台风"级弹道导弹核潜艇、世界上作战能力最强的"奥斯卡"级巡航导弹核潜艇和世界上最安静的"基洛"级常规潜艇。研制的"北风之神"级弹道导弹核潜艇、"台风"级弹道导弹核潜艇和攻击型核潜艇反映了当今世界的先进技术水平。该局设计的常规动力潜艇出口到世界 14 个国家的海军。除军品设计任务外，该设计局从事一些非军品设计任务，如高速火车、非军用潜艇和旅游潜艇等。

北方机械制造企业联合体，主要包括北德文斯克造船厂等，是俄罗斯核潜艇的主要建造企业，在俄罗斯舰船工业中占有重要位置，曾建造了苏联的第一艘核动力潜艇。目前俄罗斯的核潜艇集中在该联合企业进行生产。该联合企业设有10个大型车间，最大的室内船坞尺度为335米×137米。主要产品是"北风之神"级弹道导弹核潜艇和"雅森"级攻击型核潜艇等俄罗斯第四代核潜艇以及"鲨鱼"级多用途攻击型核潜艇。生产的主要民品包括旅游观光潜艇、石油天然气工业设备和海上钻井台等。

典型代表产品有：巡洋舰。"基洛夫"级核动力导弹巡洋舰代表了俄罗斯巡洋舰的技术水平，其最后一艘为"彼得大帝"号。"彼得大帝"号设计于苏联时期，1996年由俄罗斯建成，现隶属俄罗斯太平洋舰队，是世界上最大的巡洋舰。舰长252米，比美国的"长滩"号长32米左右。该舰配有500多枚各种导弹，远远超过美国的"提康德罗加"级巡洋舰。该舰配备了可覆盖近、中、远程3个层次作战空域的防空导弹系统，远程舰舰导弹及反潜直升机、反潜导弹、反潜深弹和反潜火箭等先进武器装备，具有很强的防空、反潜和反舰作战能力，代表了当今世界巡洋舰的最高水平。

驱逐舰。俄罗斯拥有一批技术实力很强的驱逐舰科研设计和生产建造企业，其中包括主要从事大中型水面舰艇设计的北方设计局、波罗的海造船厂、海军上将造船厂、北方造船厂、共青城造船厂和哈巴罗夫斯克造船厂等。目前代表俄罗斯水平的现役驱逐舰主要是"现代"级和"勇敢"级导弹驱逐舰。"现代"级驱逐舰是20世纪80年代研制建造的

"基洛夫"级导弹巡洋舰

大型导弹驱逐舰，其原型为 956 型，后续的改进型为 956A 型和出口型 956E 型。956E 型已出口到多个国家，且具有很大的出口潜力。该级舰艇主要用于对海和防空作战，兼有反潜能力，配备了具有超声速、超视距和超低空攻击能力的"日炙"（SS-N-22）反舰导弹，毁伤能力相当于美国"鱼叉"导弹的 3 倍，提高了对海远程打击能力。"勇敢Ⅱ"级驱逐舰是"勇敢"级驱逐舰的改进型，也是俄罗斯最新型的多用途反潜驱逐舰，1995 年服役，目前仅建成"恰巴年科海军上将"号 1 艘，部署在俄罗斯北方舰队。该级舰吸收了"现代"级作战威力大、攻击突防能力强和"勇敢"级驱逐舰反潜作战海域大的特点，配备了俄罗斯自行研制的新型电子设备、先进的作战情报指挥系统和各种威力强大的武器装备。集中体现了俄罗斯新一代驱逐舰的研制建造能力和技术水平。

潜艇。目前俄罗斯拥有红宝石海洋工程中央设计局、孔雀石特种船舶工程设计局、北德文斯克造船厂、共青城造船厂、海军上将造船厂、波罗的海造船厂、北方造船厂等一批

"台风"级弹道导弹核潜艇

专业设计和建造潜艇或具有潜艇设计建造能力的科研机构和船厂。这些科研机构和船厂曾经为苏联设计建造了几十个级别、100多种型号、总计760多艘的潜艇，在潜艇的设计和建造技术方面积累了丰富的经验。目前，俄罗斯正在发展的"北风之神"级弹道导弹核潜艇、"雅森"级攻击型核潜艇和"阿穆尔"级常规动力潜艇等第四代潜艇，具有世界先进技术水平，均可以与欧美等发达国家潜艇相抗衡。

军事电子工业。俄罗斯的军事电子工业体系庞大，被俄政府划归为无线电工业、电子工业、通信设备工业三大领域进行管理，2007年在三大领域中拥有的企业和研究机构分别为176家、132家和12家。俄罗斯的军事电子工业产品广泛应用于各种武器装备，特别是在防空反导雷达系统、电磁武器研制领域具有世界领先水平；在无线电侦察和电子对抗设备方面技术水平很高；能够独立研制超级计算机和大、中、小型和微型计算机。同时，军事电子系统在导弹、航天器、航空器、舰艇和各种兵器装备中得到广泛应用。著名的企业有金刚石——安泰公司。

核工业。俄罗斯军事核工业体系完整，基础强大，其核实力对于维护俄罗斯的国家安全以及国家军事实力和对外政策均具有重要意义。俄罗斯军事核工业以苏联的军事核工业为基础，苏联原子能工业的核心部分及其工业体系的绝大部分设施和研究基地均建在俄罗斯境内。因此俄罗斯继承了苏联庞大的核工业与核武器研制的主体部分。目前，俄罗斯联邦原子能部主管俄罗斯所有原子能领域的科研和生产任务。该部下属科研机构和生产企业有151家。据有关资料，至2009年年初，俄罗斯约有4830枚现役核弹头。经过60余年的发展，苏联/俄罗斯已建造了弹道导弹核潜艇、攻击型核潜艇、核动力巡洋舰、核动力破冰船等250多艘核动力舰船，共使用了400多个舰船核动力反应堆。

【点评】随着俄罗斯国防科技工业结构调整整合的进程不断加快，俄罗斯国防科技工业正强势归来，虽然仍不能与美国国防科技工业一决雌雄，但在世界军火市场上却是如日中天。

英国国防科技工业：老当益壮

英国是世界上第一个实现工业化的国家。虽然历经两次世界大战后，英国国力明显削弱，但由于长期的积累，其科技基础仍十分坚实。英国的军事工业规模可观、门类齐全、技术力量雄厚，目前有1.2万多家军工企业，军事科研与军工生产的从业人员占英国总人口的1%，居西欧各国之首。英国生产的武器装备不仅供应本国军队，还销售到世界各地，甚至包括美国和西欧等发达国家。根据2004年的统计，在世界前100强军工企业中，有11家来自英国，仅次于美国，可以说，英国国防科技工业是老当益壮！

在英国的军工厂商中，英国宇航（BAE）系统公司、罗尔斯·罗伊斯公司和英国皇家军械公司最为著名。

英国宇航（BAE）系统公司。英国宇航系统公司的前身是英国宇航公司，1999年11月，英国宇航公司和马可尼电子系统公司合并，从业人员超过 10 万人，在宇航和防务方面具有世界领导地位。其年销售额超过 70 亿英镑，订货合同超过 190 亿英镑。英国宇航公司是欧洲仅有的几家久经考验的系统综合厂家之一，也是世界上最成功的主承包商之一。英国宇航系统公司的业务包括航空航天、导弹系统、舰船、兵器、军事电子和信息技术等领域，从空间飞行器到深海的核潜艇，BAE 均有涉足。2004 年，英国宇航系统公司在世界军工 100 强企业中排名第 4 位。

英国宇航系统公司的董事会为最高决策机构，下设计划部、动作部、空中客车部、国际合作部、北美部 5 个部门。计划部是武器装备研制和生产的主要部门，主要负责重大计划项目。动作部下设 4 个分部，即航空结构分部、航空电子分部、皇家军械防务分部和飞机服务分部。航空结构分部主要业务是研制和生产航空、航天和防务等装备的电子系统和设备，产品包括"台风"战斗机、F-16 战斗机、F-22 战斗机、波音 777 以及新一代波音 737、空中客车系列等军民用飞机上的机载显示器、飞行控制系统以及相关系统。皇家军械防务分部研制和生产火炮、弹药和火箭发动机等产品。空中客车部拥有两家工厂，即菲尔顿工厂（负责设计空客飞机机翼）和布劳顿工厂（负责机翼装配），该部主要负责为空客系列飞机设计制造和装配机翼部件。国际合作部主要负责英国宇航系统公司与欧盟和北美等大型公司联合投资的公司及其项目。北美部负责英国宇航系统公司在北美的所有业务，包括设计、研制、制造航空产品和智能电子系统，下设4个分部，即信息系统分部、电子防御设备分部、通信与数据传输分部和机载电子与导航分部。

45 型"大胆"级驱逐舰

英国宇航系统公司的业务范围主要包括：航空航天智能电子产品，包括商业信息系统、通信和数据链路、战斗系统、电子战系统、航空电子和导航设备、航空产品、系统技术支援设备、模拟和训练设备、军用炸药、军用飞机；军用航空航天电子系统和装备，包括用于 F-16、F-22、欧洲"狂风"战斗机、波音 777 和新一代波音 737 飞机的电子产品；提供飞机结构服务，并作为转包商为主包商提供所需产品；轻武器、加农炮、坦克等武器的弹药以及火箭发动机、炸弹、炮弹弹筒和引信等；舰船，产品有"前卫"级弹道导弹核潜艇、"湾"级两栖攻击舰、23 型"公爵"级护卫舰、45 型"大胆"级驱逐舰、"机敏"级攻击型核潜艇等；鱼雷、水雷等水下武器系统。

在船舶制造领域，英国宇航系统公司下属的维克斯造船和工程有限公司（VSFL）拥有长约 260 米、宽 58 米、高 51

米的钢结构室内船台，该船台可同时建造4艘核潜艇，新型"机敏"级攻击型核潜艇就由该公司研制和制造。同时维克斯造船厂还具有制造航空母舰的能力。另外英国宇航公司和VT集团组建的BVT水面舰艇公司，是海军舰艇设计、建造、集成和保障领域的领导者，据英国白厅纪录网站2009年7月21日报道，英国负责国防装备与保障的部长昆汀·戴维斯宣布，国防部与BVT水面舰艇有限公司签署了一项15年的合同，该合同将有助于维护英国的造船能力，支持英国的造船工业。目前，已经与BVT公司签订了2艘CVF航母以及6艘45型驱逐舰的合同。

"挑战者"2坦克

在地面武器系统领域，BAE公司有阿尔维斯—维克斯、RO防务公司两家企业，其中，阿尔维斯—维克斯是阿尔维斯（ALVIS）PLC公司与维克斯防务系统（Vickers Defence Systems）合并的公司，RO防务公司（RO DEFENCE）是由过去的皇家军火公司（Royal Ordnance）、马可尼陆上和海军系统（Marconi Land and Naval Systems）公司组成的。在

BAE 的麾下，二者通力合作，已经成为欧洲装甲车辆、火炮、迫击炮和其他军火领域最大的承包商。地面武器系统代表产品有：坦克，主战坦克型号有"挑战者"、"奇伏坦"、"逊邱伦"和"维克斯"等型号；轻型坦克主要型号有"武士"LMT105 等；装甲车辆，英国生产的装甲车包括步兵战车、装甲侦察车、装甲指挥车、装甲人员输送车、坦克歼击车、装甲工程车、装甲抢救车、装甲修理车、装甲架桥车、布雷车、扫雷车、牵引车和雪地车等。典型型号有"狮"式 4×4 轻型战车、"武士"步兵战车、"蝎"式履带侦察车、"弯刀"指挥车和"风暴"履带式装甲人员输送车等。

罗尔斯·罗伊斯公司。公司英文名称为"Rolls-Royce"，在汉语中有两个习惯性译名。在汽车行业中，它通常翻译成"劳斯莱斯"；在航空发动机和燃气轮机领域，则通常翻译成"罗尔斯·罗伊斯"。创立已过百年的罗尔斯·罗伊斯公司是英国精密机械制造业的代表，在世界发动机制造业和汽车业中均享有盛名。公司成立于 1906 年，最初是由汽车设计师罗伊斯和汽车销售商罗尔斯共同创办的私人企业，从事汽车生产。20 世纪初期的汽车大多粗糙笨重，车内外都是臭烘烘的汽油和润滑油味，面目可憎。但罗尔斯·罗伊斯用完美的工艺和精益求精的工作态度，打造出了一辆辆精致典雅、结实耐用的劳斯莱斯汽车，改变了欧洲贵族们对汽车的偏见。到 20 世纪 30 年代，劳斯莱斯已成为身份与财富的象征。

从 1915 年开始，罗尔斯·罗伊斯公司步入航空发动机生产领域，在两次世界大战中，罗尔斯·罗伊斯公司的航空发动机均大量使用，装备英国及盟军的作战飞机。战后，罗尔斯·罗伊斯公司成为英国喷气发动机的主要生产者、世界军用和民用喷气发动机的最大制造厂家之一。1971年2月，罗尔斯·罗伊斯公司为美国洛克希德公司生产RB-11喷气发动机，但不久因经营亏损而破产，由英国政府收购，改为国营，并沿用原名。其制造汽车、柴油机及通用发动机的部门仍为私营，称罗尔斯·罗伊斯汽车公司。

目前，罗尔斯·罗伊斯公司已经是欧洲最大的航空发动机公司、世界三大航空发动机公司之一，也是船用动力、核潜艇动力堆、航天推进系统、装甲车辆发动机的著名制造企业。该公司总部在德比郡德比市，有五大业务部门，分别为民用航空航天部、防务部、海事系统部、能源部和产品保障部。2004年，罗尔斯·罗伊斯公司在世界军工100强企业中排在第18位，主要子公司有罗尔斯·罗伊斯商用航空发动机公司、罗尔斯·罗伊斯军用航空发动机公司。此外，罗尔斯·罗伊斯公司与国际、国内其他航空企业合资成立了10多家公司。这些子公司不仅生产军民用航空发动机、舰船燃气轮机、工业燃气轮机发动机组、装甲车辆发动机和导弹推进系统等产品的零部件，而且生产装甲车、核工程产品和陶瓷基复合材料等产品。罗尔斯·罗伊斯公司的客户包括500多家航空公司，4000家公务机、通用飞机和直升机用户，160个国家的国防用户以及2000多家船舶公司（包括50家海军公司）。公司在近 120 个国家拥有能源客户。罗尔斯·罗伊斯公司约有 3.4 万名员工，其中在英国有 2.1 万人。英国以外的员工占总数的 40%，其中欧洲大陆 5000 人、北美 8000 人。

罗尔斯·罗伊斯公司研制出了大量性能优异的航空发动机。如应用于"鹞"和"海鹞"的"飞马"可旋转喷口的涡扇发动机和具有三轴结构的 RB211 系列发动机，均是当代大型航空发动机中最成功的产品。美国 F-35 的发动机也由该公司研制，研制的 STOVL 型发动机，采用独特的轴驱动升力风扇，三轴转向喷管和转动控制系统以保证飞机能在极小或无跑道的空间起飞和降落，是当今世界上最先进的军用发动机。目前有 55000 台发动机在世界 500 多家航空公司以及 160 多个国家和地区武装部队的固定翼和旋翼机上服役。

英国皇家军械公司。位于英国伦敦伍尔维奇，公司已有 400 多年的历史，是当今世界最古老的兵工企业之一。该公司的前身沃尔萨姆·艾比兵工厂在 16 世纪初便开始制造火药。1787 年英国政府收购了艾比兵工厂，将其更名为皇家火药厂。1805 年，英皇乔治三世参观了伍尔维奇工厂区后，将其改名为皇家兵工厂，此名一直沿用至今。是年，英国政府在艾比兵工厂附近的恩菲尔德·洛克新建了一个生产轻武器的小厂。工厂创建初期的主要产品是滑膛枪。1812 年，皇家兵工厂的工程师约翰·伯上尉将这个小厂扩建成年生产 22.5 万根滑膛枪管的大厂。1855 年皇家轻武器分公司研制成功的

53 式李·恩菲尔德步枪是那一时代的典型产品。这种步枪不仅装备英国军队，而且大量外销，成为世界历史名枪之一。经过多年的建设和发展，到 20 世纪初，英国皇家兵工厂所属的 3 个分公司已能满足小规模战斗条件下英国军队对武器装备的需要。

皇家军械公司辖属 6 个分公司，弹药分公司是皇家军械公司所属最大的分公司，有雇员约 8200 人、生产厂 7 个，也是西欧主要的全弹和战斗部供应公司，它的 7 个生产厂分别是伯特利兵工厂、布拉克博恩兵工厂、切尔利兵工厂、菲茨斯通兵工厂、格拉斯基德兵工厂、帕奇克诺夫特兵工厂和维米特有限公司，主要业务范围是研制和生产口径在 20 毫米以上的各种全弹（包括各种单兵弹药）或战斗部，目前生产的产品有各种迫击炮弹、"劳" 80 轻型反坦克武器系统、各种手榴弹和防暴弹药等数十个品种；轻武器分公司主要包括恩菲尔德、雷德瓦格林和帕伍福特 3 个兵工厂，主要从事 40 毫米口径以下武器及弹药，包括冲锋枪、步枪、机枪和榴弹发射器及其弹药等的研制和生产。皇家军械公司除上述 2 个分公司外，在英国还有安装公司、武器和轻型装甲车分公司、炸药分公司、未来武器系统分公司，在国外还有一些分公司，如 20 世纪 90 年代初兼并的德国 HK 公司等。

核工业。英国目前从事核领域工作的组织和企业达 330 多家，高级雇员约有 3 万人，主要的企业有英国核燃料有限公司和亨廷公司。此外，有 16 个与核技术相关的研究中心。

装备有 144 枚 20 万吨级当量的"萨瓦来因"核弹头，还有空军的 100 枚 WE-177 核航弹，海军的 190 枚核深水炸弹和反潜核鱼雷。

【点评】英国作为一个老牌资本主义国家，具有深厚的国防科技工业功底和较高的技术水平，但同时也只能算作一个中等发达国家，其国防科技工业不是样样强，但也是多样强，可谓老当益壮。

法国国防科技工业：政府广泛介入

法国国防科技工业与美国、英国不同的是，法国政府广泛介入，长期以来，法国国防科技工业一直在国家的高度控制之下，武器装备的研制生产绝大部分由国防部所属的军工厂和国有企业承担。虽然冷战后法国对国防科技工业结构进行了全面调整，将原属于国防部的兵工厂和造船厂逐步推向市场，并通过转让股权来降低国家在国有军工企业中的股份。但国有企业在整个国防科技工业中仍占有较大的比重。战略武器以及重要的常规武器装备、电子侦察系统的研制生产仍大部分依赖国有军工企业。当前，法国政府在法国国家舰艇建造局 DCNS 公司占有 75% 的股份，还握有法国地面武器工业集团（原 GIAT 公司，2006 年改组为 NEX-TER 公司）

100%、欧洲航空航天和防务公司 EADS 的 15% 和萨弗朗集团（Safran）超过 30% 的股份。

目前，法国政府并不打算放弃这些股份。近几年来政府以"经济爱国主义"的名义，宣布只有在得到政府允许的情况下，才能取消该国 11 个经济部门对非欧公司所采取的收购限令。虽然这一决定对整个军工产业起到了保护作用，但法国所持的这一立场如今却遭到了欧盟反对。尽管如此，法国还准备采取其他的反收购措施。现在就让我们了解一下法国政府广泛参与下的法国国防科技工业的水平与实力。

法国是仅次于英国的欧洲第二大军事工业国，2007 年法国本国的军品采购额为 170250 亿美元，出口额为 50 亿～60 亿美元。2006 年法国是仅次于英国的第二大军品出口国，其出口额占全球武器出口总额的 7.8%，英国为 13%。法国国防工业的从业人员为 16.5 万人，在欧洲的十大防务集团中，法国企业占 4 家：泰利斯集团、法国国家舰艇建造局 DCNS、萨弗朗集团和达索航空公司。法国国防工业看起来发展势头强劲，多家大型企业在 2007 年的销售情况看好，它们中的大多数拥有的订单可以确保企业在未来 10 年正常运行。

法国泰利斯集团（Thales Group），这个世界著名的欧洲最大防务电子集团的前身就是 20 世纪名声显赫的法国汤姆逊无线电公司（Tomson-CSF）。泰利斯集团创建于 1892 年，经过百余年的发展目前已成为法国最大的军工电子企业，是法国汤姆逊集团中主营电子和防务系统产品的分公司。该公司是世界最大的军用电子产品生产厂商，也是欧洲第三大国防合同商。泰利斯集团主要从事军用电子设备的设计、生产、销售和维护。具体业务，包括以下9个方面：机载系统、航空系统、空中安全与导弹系统、海军系统、通信系统、光导电子设备、信息系统与服务、工程与安全以及航空航天系统。主要产品包括：航空、航天电子设备，机载和舰载指挥控制通信系统，军用飞机和直升机飞行与任务模拟器，电子对抗系统，机载和舰载电子战系统，面基探测系统，海军作战系统，导弹系统，反潜系统，导弹近炸引信装置，舰船及潜艇用战斗截击控制模拟器，战术无线电通信设备，无线电广播及电视设备，电话网络，军用和民用通信、放射性医疗器械，超声高能治疗器械，大功率发射机，军械和弹药，推进器、动力和转换系统，微波及微电子器件，混合电路，软件和系统集成，计算机产品维修及后勤服务设备等。

法国国家舰艇建造局 DCNS，是世界第十四大防务公司，它既是法国舰船科研与生产的管理部门，也是舰艇设计、建造的具体实施机构。舰艇建造局属于国家拥有，接受国防部的领导。该局的业务范围覆盖了各种型号的水面舰艇和潜艇设计、建造和修理。舰艇建造局拥有9个船厂，其中的4个是主要船厂，这4个船厂各家都擅长某一型号海军舰艇的建造，它们分别位于瑟堡（建造潜艇）、布雷斯特（大型水面舰艇的建造，保养和维修弹道导弹核潜艇和水面舰艇）、洛里昂（建造护卫舰）和土伦（保养和维修攻击型潜艇和水面舰艇）。

萨弗朗集团，由原法国第二大电信集团及欧洲第三大安全和防护电子设备企业萨基姆（SAGEM）公司和欧洲最大航空和航天推进器及设备专业集团之一斯奈克玛（SNEC-MA）公司合并而成。其中，斯奈克玛公司原在推进领域有4个子公司：斯奈克玛发动机公司、斯奈克玛服务公司、透博梅卡公司、微型涡轮发动机公司；在设备领域有5个分公司：梅西埃—道蒂公司、梅西埃—比加蒂公司、伊斯帕诺—西扎公司、于雷尔—伊斯帕诺公司和拉比纳尔公司。航空航天推进器、国防设备和电子设备是萨弗朗公司三大主要产品，其中航空航天推进器是其支柱产品。由于近年来世界航空业以每年5%以上速度递增，该公司产品在市场上供不应求。

达索航空公司，是法国第二大飞机制造公司，世界主要军用飞机制造商之一，具有独立研制军用和民用飞机的能力。达索飞机制造公司多年来主要以军用飞机为经营重点，进入20世纪90年代以后才开始在高级公务机领域发展。公司下设防务分部和隼式飞机分部。前者包括达索航空服务公司，欧洲航空系统公司塞克巴公司，索非玛公司和素夫雷萨公司等分公司；后者包括达索隼喷气飞机公司，航空精密公司，达索隼喷气飞机威尔明顿公司，达索国际公司（美国），达索采办公司，达索隼式飞机服务公司和隼式飞机培训中心。其他由达索飞机制造公司控股的公司还有：达索国际公司（法国），索吉泰克工业公司，达索中介贸易保险公司，达索再保险公司，科西嘉航空复合材料制品公司和巴西航空工业公司。知名军用飞机有："幻影"系列战斗机、"大西洋"1反潜巡逻机（与德、比、意、荷合作）、"美洲虎"战斗机（与英合作）、"阿尔发喷气"教练/对地攻击机（与德合作）以及"阵风"战斗机。民用飞机为"隼"系列高级行政机。

航空工业。法国航空工业大约拥有190家公司，包括达索飞机制造公司、空中客车公司、萨弗朗集团、泰利斯公司在内，大型公司近20家。法国从事航空科研的重要研究机构约10家。

法国航空工业可分为飞机和直升机制造企业、航空发动机制造企业、航空产品维修企业、航空设备企业等主要部分。其中，从事飞机制造的公司主要有5家，达索飞机制造公司、欧洲航空防务航天公司下属的索卡塔公司、空中客车工业公司（AIRBUS）和兰斯飞机制造公司（Rwims、Aviation）、阿派克斯飞机公司（APFX Aircraft）。制造直升机的是欧洲直升机公司。航空发动机制造公司有3家：萨弗朗集团（2004年重组前的斯奈克玛公司是法国一流的航空与航天工业集团）及其下属的透博梅卡公司和微型涡轮发动机公司。从事航空产品维修的大公司有法航工业公司和索非玛公司。

法国航空工业单独或通过国际合作研制并生产的航空产品包括：战斗机、轰炸机、攻击机、特种军用飞机、大型军民用运输飞机、支线飞机、喷气公务机、通用航空飞机、军民用重型/轻型直升机、军民用无人驾驶飞机、军民用航空发动机（涡扇、涡桨、涡轴）、微型航空发动机、机载导弹和其他机载武器、各种航空机载设备和航空地面设备。飞机类、直升机类和发动机类产品。世界著名的军用航空产品：战斗机和攻击机，"阵风"多用途战斗机，"超军旗"战斗机，还有"幻影"系列，如在以色列立下汗马功劳的"幻影"Ⅲ，售给我国台湾的"幻影"2000等；轰炸机，如"幻影"Ⅳ；民用产品，如空客320/330/380等。

"阵风"多用途战斗机

航天与导弹工业。法国是位于美国和俄罗斯之后的世界第三航天大国，在欧盟位居首位，拥有强大的运载火箭与航天器制造能力，以及类型较为齐全、规模庞大的导弹研制生产能力。法国航天和导弹工业从业人数和销售额均高居西欧各国之首。法国约有 200 家企业从事航天器、运载火箭、导弹及其零部件的生产和销售。其中主要企业约 40 家，包括欧洲航空航天和防务公司（EADS）法国公司、阿斯特里乌姆公司法国部分、泰利斯的阿尔卡特航天公司、阿里安航天公司、MBDA 法国公司、萨弗朗集团、泰利斯公司以及斯波特图像有限公司等。

在航天领域，法国在卫星产业化上走在前列。法国"阿里安"5 运载火箭、"斯波特"对地观测卫星、"太阳神"照相侦察卫星、"锡拉库斯"通信卫星等都是国际知名产品。"阿里安"5 号大型运载火箭地球轨道运载能力 18 吨，太阳同步轨道运载能力 10 吨，在国际卫星发射服务市场上具备较强的竞争力。"锡拉库斯"通信卫星设计寿命 10 年，可装 26 台转发器；民用对地观测卫星"斯波特"设计寿命 5 年。法国积极参与的伽利略卫星定位导航系统将成为美国 GPS 系统的有力竞争者。

在导弹领域，能够独立研制生产的导弹武器产品有：S-5 中程地地导弹，"飞鱼"反舰导弹，"西北风"与"响尾蛇"防空导弹，巡航导弹，"米卡"空空导弹以及反辐射导弹等。

兵器工业。法国是世界兵器工业大国，科技先进，工业发达，规模、能力与水平均居世界前列。目前，法国从事兵器研制和生产的企业有 150 多家，兵器工业从业人员 8 万余

"阿里安"5重型火箭

人。国有企业在兵器生产中占主导地位，其营业额占法国兵器工业总营业额的 45% 左右。1990 年经改革后新组建的国有私营地面武器工业集团公司（NEX-TER）与其他大型国有军品公司一起，在坦克、装甲车辆、火炮、武器弹药、军用火炸药的生产中占有绝对优势。私营兵工企业在兵器生产中也占有一定的比重。其中，电子仪器与设备的研制和生产主要由私营企业承担。法国有 60 多个兵器科研机构，分别

世界知名的"西北风"通用导弹

隶属于国防部武器装备总署有关局、兵工企业和大学。这些科研机构主要分为 3 类：第一类是基础研究和应用研究机构，有 10 多个；第二类是技术研究和设计机构，有 40 多个；第三类是试验机构至少有 3 个。

法国兵器工业主要由坦克装甲车辆、火炮、轻武器、弹药及军用光电等武器装备的生产企业和研究机构组成。从事这些装备生产的各行业都有总体设计机构和总装企业、分系统和零部件生产的配套企业。坦克装甲车辆行业在兵器工业中地位最重要，主要由国有私营企业和私有私营企业组成。坦克生产主承包商有 2 家，其中地面武器工业集团公司是勒克莱尔主战坦克的总体设计和总装生产企业，私营的克勒索—卢瓦尔工业公司是 AMX-13 轻型坦克系列的总装生产企业。分包商主要有工业车辆与机械设备公司、伊斯帕诺—絮扎公司、雷诺车辆防务分公司等。

AMX-30 主战坦克

　　船舶工业。法国原有造船和修船厂 60 余家，雇员 4 万～5 万人，主要船厂分布在大西洋和地中海沿岸。经过调整和有计划地压缩生产能力，目前从事造船业的雇员数量已经减少到约 17000 人。主要的造船厂有诺曼底造船公司、阿尔斯通集团所属的大西洋船厂和舰艇建造局下属的四大船厂（土伦海军船厂、瑟堡海军船厂、布雷斯特海军船厂和洛里昂海军船厂）。其中大西洋船厂是西欧最大的船厂。海军舰艇的建造任务主要由舰艇建造局、阿尔斯通集团属下的大西洋船厂、里洛克斯海军船厂和诺曼底造船公司三大集团承担。其中，舰艇建造局可以生产水面舰艇和潜艇，大西洋船厂以生产水面舰艇为主，诺曼底造船公司主要建造快速巡逻艇，其他两家则主营大型水面舰艇。法国舰船制造企业具有很强的科研生产能力，能够生产航空母舰、核潜艇、常规潜艇、驱逐舰、护卫舰、扫雷舰和海岸巡逻艇等。船舶工业代表知名产品有：

"凯旋"级弹道导弹核潜艇，该级潜艇是法国海军新一级核潜艇，水下排水量为14335t，主尺度138m×12.5m×12.5m，装有1座K15型一体化压水堆装置，2台涡轮交流发电机组，1台30.5MW电机，2台900KW柴油机，水下航速25节。可携带16枚M-45潜射弹道导弹，4具533毫米鱼雷发射管，混合装载18枚L5Mod3鱼雷和"飞鱼"潜对舰导弹。

　　"戴高乐"级核动力航空母舰，该级的航空母舰满载排水量为40600t，标准排水量为36600t。舰总长261.5m，宽64.4m。装有2座K15型一体化压水堆装置，2台56MW汽轮机，航速28节。武器装备除舰载机外，还包括反潜导弹、舰对空导弹，舰对舰导弹、自导鱼雷、反导导弹等。

"凯旋"级弹道导弹核潜艇

"地平线"级驱逐舰，该级驱逐舰由法国和意大利两国共同研制建造，满载排水量为6500t，舰总长148.4m，宽19.9m。装有2台燃气轮机，功率43MW，2台柴油机，功率8MW，航速29节。武器装备包括2座4联装舰对舰导弹发射装置，6座8联装垂直导弹发射系统，2座2联装鱼雷发射管等。

"拉斐特"级导弹护卫舰，这是法国建造的具有隐身性能的护卫舰，也是法国舰船出口的主要产品。该级舰满载排水量为3600t，舰总长124.2m，宽15.m，装有4台柴油机，功率15.52MW，航速25节。武器装备有"飞鱼"舰对舰导弹，海"响尾蛇"舰对空导弹或者"紫苑"15导弹，还载有1架直升机。

军事电子工业。法国有500多家电子企业，从业人员约169万人。从事军事电子产品生产的大公司有泰利斯公司及其下属阿尔卡特航天公司、萨弗朗公司等。雷达的主要制造企业是泰利斯公司。光电设备的主要制造企业有电气与信号设备公司、萨弗朗公司和泰利斯公司等。电子战设备的主要制造企业有泰利斯机载系统公司、泰利斯通信公司无线电侦

"拉斐特"级导弹护卫舰

察与通信情报系统分部、阿尔坎（Alkan）公司、MBDA 法国公司、萨弗朗公司、地面武器工业集团公司等。军用通信设备的主要制造企业有泰利斯公司及其下属阿尔卡特航天公司、萨弗朗公司、Elno 公司。电子计算机的主要制造企业有布尔公司、泰利斯公司等。电子元器件的主要制造企业有泰利斯公司等。法国的主要军事电子产品由雷达光电设备、电子战设备、通信、计算机和电子元器件几大类产品构成。主要的雷达产品有防空雷达、警戒雷达、侦察雷达、导航雷达、火控雷达、跟踪雷达、引导雷达以及敌我识别器等；主要光电产品有激光测距仪、电视跟踪仪、红外热像仪、图像增强器、光电倍增管、红外摄像管等；主要电子战产品有无线电截获与监控系统、电子保障系统、电子侦察系统、干扰机、电子情报系统、告警系统、诱饵发射装置、电子战模拟/仿真器等；主要通信产品有综合战术通信系统、数字通信设备、甚高频/超高频通信设备、卫星通信系统、电子交换机、数子传输系统及适用于电子战环境下的无线电通信设备和各种网络系统设备等。

　　核工业。法国从事核工业研究的机构和企业有 100 多家，拥有原子弹、氢弹、中子弹、核潜艇、中远程弹道导弹和能携带核弹的飞机，战略核弹头约 300 枚。在民用方面，法国建立了从铀矿勘探、开采、转化、浓缩到燃料元件制造后处理高放废物玻璃固化、核设施退役等完整的核燃料服务体系。目前，法国共有 58 台核电机组，核电在全国总发电量中的比例达到 76%。

> **【点评】** 近几年来，法国政府广泛参股的国防科技工业经过不断重组、兼并和调整，规模和实力日益壮大，极大地增强了在国际军火市场上的竞争力。

德国国防科技工业：精中求胜

在欧洲，相对于英、法两国，德国国防科技工业规模较小，但其国防科技工业产品优良的性能却名声在外，如 PZH2000 自行榴弹炮、"豹"式主战坦克、AIP 常规动力潜艇等都是世界知名产品。因此，对德国国防科技工业来说，可谓是精中求胜。

德国拥有很强的军工产品研发和生产能力，在欧洲乃至世界都是比较突出的。军工门类较为齐全，包括军用航空、电子、导弹、兵器、舰船五大门类。由于政治、历史的原因，德国没有军用核工业和军用航天工业。德国的国防工业主要分布在南部和北部。南部侧重于生产陆、空军装备，位于这个区域的巴伐利亚州和巴登—符腾堡州，军品订购量占全德军品订购量的 2/3，前者能够制造 80% 军用航空设备，后者能制造 60% 的军事运输设备。而北部侧重于生产海军装备，该区域的不来梅州和石勒苏益格—荷尔斯泰因州集中了军用舰船制造业，前者的订购量占海军总订购量的55%以上，后者占40%。

航空工业。目前，德国从事航空工业的企业约20家。其中，研究机构有欧洲航空航天和防务公司（EADS）（德国）、腓德烈斯港发动机与涡轮机联合公司、博登湖设备技术有限公司（BGT），还有德国航空航天中心（DLR），它是德国最大的航空航天专业研究机构，直属联邦研技部领导，具有很强的政府职能，从事航空航天领域基础研究和部分应用研究以及大型设施建造等。在航空制造业方面，主要企业有道尼尔有限公司、戴姆勒·克莱斯勒公司、胡贝尔飞机制造公司等。道尼尔有限公司是DO-228小型多用途飞机的生产企业。戴姆勒·克莱斯勒公司是生产"欧洲2000"战斗机、"狂风"战斗机、"风扇教练"系列教练机、BO-105、BO-108直升机以及各种无人驾驶飞机的大型集团，该公司还生产多种不同类型导弹。

航天与导弹工业。德国专门从事航天产品生产的企业不多，从事航天产品研制和生产的企业大多也从事其他军工产品特别是航空产品的生产。德国有近120家公司参与有关航天的工程项目，航天从业人员约6200人，但绝大部分航天业务集中在欧洲航空航天和防务公司（EADS）（德国）、MAN技术股份公司等几家大型航空航天企业。德国航天科研机构数量不多，主要是德国航空航天中心（DLR）等10余家机构。在航天产品上德国参与了欧洲"阿里安"系列火

"狂风"战斗机

箭的研制，并通过自主或合作的方式研制通信卫星、探测卫星等。德国不生产战略导弹产品，研制的导弹产品主要有地空导弹、空地导弹、空空导弹、反舰导弹、反坦克导弹等。德国研制的导弹绝大多数是通过国际合作完成，本国独立生产的导弹目前服役的只有"鸬鹚"1和"鸬鹚"2反舰导弹。德国与法国合作研制的"米兰"、"霍特"反坦克导弹和"罗兰"防空导弹世界闻名。

兵器工业。全国大约有1000多家能生产军工产品的企业，大致分为5类：超大型军工工业，如戴姆勒·克莱斯勒公司；大型兵器工业，如西门子、莱茵金属公司等；外国军工工业的子公司，如塞尔公司等；对某个军工生产领域有丰富生产经验的、规模不大的公司，如韦克曼公司等；还有上千家生产武器零部件的小公司。德国兵器工业包括坦克装甲车辆产业、火炮产业、轻武器产业、弹药产业以及军用光学仪器产业。

坦克研制与生产企业分总装企业和配套企业两类，总装企业有两家，克劳斯·玛菲·韦格曼公司和莱茵金属工业公司下属的马克系统公司。克劳斯·玛菲·韦格曼公司作为总承包商负责"豹"1坦克整车和"豹"2坦克整车55%的总装工作，并参加"豹"2坦克的总体设计和底盘、悬挂系统的设计。马克系统公司负责"豹"2坦克45%的总装任务。另外，坦克配套企业主要有车体生产企业、炮塔生产企业、发动机生产企业、传动装置生产企业等。其中，坦克发动机生产企业主要是腓德烈斯港发动机与涡轮机联合公司，该公司承担了"豹"1、"豹"2坦克发动机的研制与生产任务，装配的发动机单位体积功率远高于英国"挑战者"和美国M-1坦克上的发动机，闻名于世界。

"豹"2坦克

装甲车研制与生产企业，德国的主合同商有波尔舍公司、克虏伯·马克公司、蒂森·享舍尔公司和戴姆勒·克莱斯勒公司等。其中，波尔舍公司参与了"山猫"轮式装甲侦察车、TPZ-1轮式装甲人员输送车、"鼬鼠"履带式侦察车的研制工作。克虏伯·马克公司承担了"黄鼠狼"履带式步兵战车的研制与生产任务，并负责坦克工程车、坦克架桥车的总装任务。蒂森·享舍尔公司全面负责 HS-30 装甲人员输送车、反坦克导弹运载车、UR-416 轮式装甲人员输送车的研制与生产任务。而戴姆勒·克莱斯勒公司则主要承担"山猫"轮式装甲侦察车的生产任务。

PZH-2000 自行榴弹炮

火炮企业主要有莱茵金属工业公司，该公司研制并生产 105～155mm 野战榴弹炮、105mm 和 120mm 坦克炮以及航炮。该公司下属的毛瑟厂主要生产 20～40mm 机关炮、BK-27 式 27mm 航炮。

船舶制造工业。德国船舶工业具有悠久历史，其规模和能力在第二次世界大战之前就已经位居世界前列。战后经过联邦德国和民主德国的重新发展，特别是 20 世纪 90 年代初两国合并后的进一步发展，德国船舶工业的规模得到不断扩大。21 世纪初，德国从事船舶科研和设计的主要机构约 10

家，船厂近40家，船厂雇员约23000人，临时从业人员约4000人。从事船舶配套产品生产的企业1000余家，人员达到70000人左右，目前是世界第四大造船国。在船舶研制与生产方面，德国制造的驱逐舰、护卫舰、潜艇、快艇和水雷战舰艇设备先进、安全可靠，居于世界先进水平之列。主要企业有霍瓦兹造船厂、施图尔肯公司、布莱梅富坎造船公司、布洛姆与福斯造船公司、罗兰造船厂、吕尔森造船厂、阿贝—拉斯穆森公司等。其中船舶工业产品中，以潜艇最为有名，德国产的212A级潜艇，是目前世界上最先进的常规潜艇之一。212A级潜艇是在209级潜艇的基础上研制的，首次实艇装备了燃料电池动力系统，该系统是德国从20世纪50年代开始研制的一种新型电化学AIP系统（不依赖空气的推进系统）。在安装柴油机和燃料电池组成的混合动力系统后，212A级潜艇的水下持续航行时间能达到364小时，比209级潜艇的水下续航力提高了4.4倍，大幅度提高了潜艇的生存力和战斗力。212A级潜艇是德国专门设计用于出口的潜艇，由于该艇具有作战性能先进、价格便宜和售后服务良好等优点，先后出口到了12个国家，在世界常规潜艇市场上占居首位。

电子工业。德国的电子工业水平与美、日相比还有一定的差距，军用电子产品的产值也远不及美、英、法。但在某些方面，如雷达、通信设备、夜视仪器及射击指挥系统等却达到了世界先进水平。德国现有电子企业1600余家，从业

212A 级常规潜艇

人员约 30 万。其中从事军用电子产品研制与生产的企业约
50 多家，主要的大公司有罗德·施瓦茨电子公司、通用电气
公司、EADS 公司、德国防务与民用系统公司、西门子公司
等。从事军事电子技术研究的重要研究机构约 10 家，主要
有通信与电子装备研究院、高频物理研究所、无线电和数学
研究所、数据处理和模型识别研究所等。

　　核工业。由于《巴黎协定》禁止德国研制核武器，因此
德国的核工业是围绕核动力发电发展起来的。经过多年的发
展，德国已建立了完备的核工业体系。并且以核电厂安全性
能好，离心法分离铀同位素技术先进等特点享誉世界。德国
的核技术和核设备在世界市场上非常具有竞争力。目前，德
国共有 20 座商用反应堆，其中 19 座在运行；还有 17 座运
行中的研究堆和试验堆。

印度国防科技工业：离不开外援

说起印度国防科技工业，人们普遍都会想到印度国产的两个代表性兵器，一个是 LCA 轻型战斗机，一个是"阿琼"坦克。LCA 于 20 世纪 80 年代初期提出研制，1995 年 11 月首架技术验证机出厂，首飞定于 1996 年 7 月，后推迟到 1999 年，最后在 2001 年 1 月才试飞，批量生产可能要到 2011 年之后，且研制过程得到了法国达索、美国 LM 公司的协助，发动机和雷达更是多方进口；再看"阿琼"坦克，总体方案设计有德国克劳斯·玛非·韦格曼公司（"豹"式坦克研发公司）帮助，发动机由德国腓德烈斯港发动机与涡轮机联合公司生产，线膛炮由英国货组装，但实验却证明大量昂贵设备堆砌起来的"阿琼"总体性能却比不上巴基斯坦装备的 MBT-2000"哈立德"主战坦克。其实不仅是这两件兵器，印度其他国防科技工业产品如驱逐舰、护卫舰、雷达及航天工业都是这样，离开了外援简直是寸步难行。

那么，依靠外援发展的印度国防科技工业到底具有什么样的科技水平和实力呢？应该说印度国防科技工业的规模还是比较大的。

目前，国防科技工业是印度第二大工业部门，拥有8家大型国防企业、39家国营兵工厂、51家科研机构和数百个私营企业，能独立研制和生产飞机、坦克、电子设备等主要武器系统，还能生产包括卫星、导弹、航天、火箭以及核武器的各类高精尖武器装备。

从国防科研力量来看，印度目前拥有大规模的国防科研机构，员工多达30万人。其中包括3万名科学家和工程师，具备了较强的国防科研能力，在核能与空间技术综合、导弹武器的制造上已取得突破。国防研究与发展局设有9个技术处和9个协调处，下设4个研究委员会、49个试验室，共有5000名科学家和3万多名科技人员。4个研究委员会分别为航空研究发展委员会、武器研究委员会、海军研究委员会和生命科学研究委员会，主要通过筹集补助金计划与学术机构和其他国家研究与发展实验室进行协作，为基础性研究提供动力。目前，航空研究发展委员会向25个机构的165个项目提供资助；武器研究委员会已批准资助30个项目，涉及高能材料、传感器、弹道导弹和其他相关武器领域；海军研究委员资助35个项目；生命科学研究委员会有27个项目。49个实验室遍布全国，研究领域包括航空器、武器、导弹、战车、动力系统、高级计算机、电子、生命科学、先进材料与合成材料、海军系统和信息系统等，能满足三军的具体需求。此外，航天部所属的各研究中心、物理研究所、火箭发射场、国家遥感局、卫星监测站等，电子部所属的国防电子应用研究所、国防电子研究所、电子与雷达发展研究所，以及原子能部所属的巴巴原子能研究中心、英·甘地原子能研究中心等也有数万科研人员。

印度建立了以国防部为主，原子能部、航天部、电子部等配合、职责明确的军事工业管理体制。

国防部是国防科研与军工生产统一决策、集中管理的主要实施部门。由国防部主持的国防生产供应委员会和国防研究发展委员会是主要决策机构，负责制订国防科研与军工生产的方针政策，并研究有关重大问题。国防研究与发展局和国防生产与供应局分别是国防科研与军品生产的主管机构，负责制订国防科研和军品生产的规划、计划，并协调和监督计划的实施。

原子能部是核武器研制与生产主管部门，下属有巴巴原子能研究中心、英·甘地原子能研究中心、高级技术中心及多家研究所，从事核武器及基础科学的研究工作。

航天部是民用航天工业主管部门，负责研制生产运载火箭、卫星和其他航天器。所属的航天研究组织、航天应用中心、火箭发射场、国家遥感局和遍布全国的卫星监控站网，从事航天运载火箭、卫星研制和其他航天科学工作。

电子部是电子工业的统一管理部门，负责生产部分军用配套电子产品。

印度军工生产体系主要由国防生产与供应局下属的39家兵工厂和8家大型国防公营企业组成，原子能部、核工业部和电子部以及部分私营企业也承担相关的国防生产任务。其中，39家兵工厂由国防生产与供应局所属的兵工厂委员会负责管理，是印度国防装备物资的战略生产基地，现在能为陆军步兵、炮兵和装甲兵，海军、空军、警察和准军事部队生产多种武器弹药和装备；印度斯坦航空有限公司、印度电子有限公司、印度推土机有限公司、马扎岗造船有限公司、果阿造船有限公司、加登里奇造船和机械有限公司、印度动力有限公司、合金钢有限公司8家大型国防公营企业是印度军工体系的支柱，承担了约50%的军品生产。

航空工业。印度航空工业的科研单位主要是国防部下属的10余个科研机构和印度斯坦航空有限公司的9个研究发展中心。航空制造业则集中于印度斯坦航空有限公司一家企业。它是印度国防部国防生产供应局直属的8个国有企业中最大的一家公司，雇员人数达36万余人。在2001年的世界航空航天工业最大的100家企业排名中，印度斯坦航空有限公司以航空航天销售额5.23亿美元，列第63位。

印度斯坦航空有限公司有较强的军机及其发动机生产能力，机种主要包括：战斗机、战斗轰炸机、攻击机教练机和直升机等。其中作战飞机都是俄罗斯和西欧国家许可生产的，包括现已停产的俄罗斯米格-21歼击机，米格-27战斗轰

炸机、苏-30MKI 战斗轰炸机、英、法"美洲虎"攻击机。自行研制的先进轻型直升机（ALH）已经投产，而在西方技术援助下研制的轻型战斗机（LCA）仍没有列装。

航天与导弹工业。印度从事航天技术研究、应用、生产及商业市场服务的机构集中在印度航天研究组织内的 9 家研究机构和 1 家国有运营公司。导弹武器研究集中在国防研究发展局的 12 家科研院所，导弹生产由 30 家国有和私营企业承担。

在航天领域，印度拥有 5 种类型国产运载火箭，分别是卫星运载火箭（SLV-3）、加大推力运载火箭（ASLV）、极地卫星运载火箭（PSLV）和地球同步卫星运载火箭（GSLV）（载重 2～2.2 吨），及最新的 GSLV Mark Ⅲ。其中，GSLV 能携带重 2.5 吨的有效载荷进入地球同步转移轨道，而 PSLV 能携带 1.6 吨的卫星进入极轨道或携带 1.1 吨的卫星进入地球同步转移轨道，而 GSLV Mark Ⅲ 将大大提高运载能力，载重量达 5 吨左右。目前，印度已启动军用卫星通信

"烈火"中程弹道导弹

网项目，计划到 2020 年建立一个拥有侦察卫星、军用通信
卫星、气象卫星、小卫星，甚至包括空天飞机的国家军事航
天网络，能将卫星传来的数据和语音信息中转给处于国土任
何位置的部队。

"布拉莫斯"反舰巡航导弹

在导弹领域，印度从 1983 年启动综合导弹发展计划，已研制了近程和中远程弹道导弹地空导弹、空空导弹、巡航导弹、反舰导弹和反坦克导弹。印度自行研制的导弹产品（不含许可证生产的导弹）有 10 种型号，包括大地战术地地弹道导弹，有 SS-150（射程 150 千米）、SS-250（射程 250 千米）、SS-350（射程 350 千米）三种型号。"烈火"中远程弹道导弹，有"烈火"1、"烈火"2、"烈火"3 型（射程超过 3000 公里）；"太阳神"1 远程和"太阳神"2 洲际弹道导弹；"阿卡什"中程地空导弹；"特里舒尔"低空近程地空导弹；"阿斯特拉"中距空空导弹；"萨加里卡"潜射巡航导弹、"拉克什亚"陆射巡航导弹；"布拉莫斯"远程超声速反舰巡航导弹以及"毒蛇"反坦克导弹。其中"布拉莫斯"远程超声速反舰巡舰导弹为俄印共研产品，性能优异，印俄媒体宣传"布拉莫斯"反舰巡航导弹素来被赋予"神奇"、"独一无二"之称谓，采用垂直发射技术，射程达

350千米（外销型290千米），最大弹道高度达1.5万米，最低弹道可降至5~10米，可掠海飞行，并能在飞行末段作蛇形机动，弹道神奇，可以有效躲避防空武器拦截，大大提高了突防能力。

兵器工业。印度兵器工业是其国防科技工业中起步最早、专业领域最全、自主生产能力最强的行业。印度的兵器工业生产体系庞大，产值在整个国防科技工业中居首位。已形成了从原料生产、加工到成品组装的完整体系，具备了生产高技术含量武器装备的基础，能自主生产包括坦克装甲车辆、火炮，轻武器弹药和夜视装备等在内的大部分兵器装备，且部分产品已实现出口。印度兵工厂承担的生产任务，按照产品与技术的不同，可分为装甲车辆总装、火炮总装，枪械与弹药小型武器、零配件与半成品，以及军需物资5类，其中有坦克装甲车辆总装厂3家，火炮总装厂2家，负责枪械、弹药生产与迫击炮等小型武器系统总装的工厂有11家，负责生产配件、零部件和半成品的兵工厂有18家，其中包括火炸药、光电装备、金属加工的生产厂家。其余的5家属于军需物资的生产厂家。同时印度还在组建第40家兵工厂以制造"博福斯"155毫米榴弹炮弹药，该工厂位于比哈尔邦。

船舶工业。目前，印度共有大小船厂50多家，而大型生产企业只有5家。印度船舶工业的科研机构主要有3所，分别是国防部下属的海军材料研究实验室、海军物理与海洋

"阿琼"坦克

实验室、海军科学技术实验室。在50多家造船企业中，5家国有造船企业是印度舰艇建造的核心企业，其中有3家隶属于国防部，即马扎冈船坞有限公司、加登·里奇造船工程有限公司和果阿造船有限公司。另外2家国有造船企业是印度斯坦造船有限公司和科钦造船有限公司。此外，其余造船企业均为中小型船厂，它们承担舰艇的部分建造工作。其中，马扎冈船坞有限公司是印度规模最大的造船企业，也是印度最主要的军船厂。公司能批量生产驱逐舰、护卫舰、常规潜艇、巡逻艇和各种辅助船只。此外，还能够生产海洋石油开采平台和潜水设施等；加登·里奇造船工程有限公司是印度东部最主要的造船企业，能够为印度海军和海岸警备队建造、维修各种舰艇和军辅船，包括护卫舰、货船和油轮、巡逻艇、攻击快艇、柴油机等；果阿造船有限公司是印度西部海岸的主要造船企业，主要建造各种现代中型和专用舰船，包括军船和民船。

67

目前，印度能够在本国建造的舰艇主要包括：标准排水量为1450吨的"希舒玛尔"级（209～1500型）常规潜艇、满载排水量为6700吨的"德里"级导弹驱逐舰、满载排水量为3850吨的"戈达瓦里"级导弹护卫舰、满载排水量为1350吨的"库克里"级轻型导弹护卫舰、满载排水量为5655吨的"马加尔"级坦克登陆舰，以及各种巡逻艇、支援船等。

"德里"级导弹驱逐舰

军事电子工业。印度有3500多家企业从事电子产品的生产。包括13家中央所属国有企业及29个制造基地，65家州属国有企业，大约有600家私营企业，其余2800多家为小型企业。印度有数百家公司为国防部门提供电子设备。主要的军事电子企业有巴拉特电子有限公司、印度电子有限公司（ECIL）和印度斯坦航空有限公司。其中，巴拉特电子有限公司，其业务领域是设计开发和制造各种先进的电子产品，包括通信系统、声呐、军民用雷达系统和电子战系统等。印度斯坦航空有限公司在电子产品领域主要从事计算机系统的设计开发、工业控制系统专用硬件和软件、通信系统、电子仪器和元器件，以及少量雷达设备；印度电子有限公司主要提供各种通信设备、计算机系统和其他微电子产品等。另外，印度大约还有 1000 家生产各种不同的电子元器件的企业和许多软件开发公司。

电子工业与国防密切相关的战略电子产品有陆基防空雷达，战场、导弹控制和地面监视雷达系统，军事空中交通管制（ATC）和搜索雷达，海上/海岸监视和航海雷达，声呐设备，电子战系统，CIFF 和 SSR 系统；具有军民通用性的通信设备包括数据链、HF/VHF/UHF 无线通信设备、卫星和微波通信天线、计算机系统，以及其他微电子产品等。

核工业。印度原子能事业起步较早，1948 年 8 月就成立了原子能委员会（AEC），之后一直致力于发展民用核工业和军用核工业。印度民用核工业目前拥有 4 个大型国有企业，14 座核电反应堆，10 个重水和核燃料处理厂、40 多个研究机构，雇员 4 万余人。1974 年，印度进行了首次"和平爆炸"核试验，1998 年又连续进行了 5 次核试验，跨入了"核门槛"，成为实际上的有核国家。目前，印度正致力于发展一支陆、海、空三位一体的战略核打击力量。据估计，目前印度能生产 60～80 枚核弹头。

【点评】印度正在外援的大力支持下努力发展本国的国防科技工业，且已初具成效，随着未来印度经济的持续发展及印度国防科技工业体制的不断调整与完善，其国防科技工业技术水平和实力将得到大大提升。

以色列国防科技工业：小国家大军工

以色列国土面积非常有限，仅 1.49 万平方公里，人口也只有 600 多万。但以色列的国防科技工业水平却很高，规模也很大，国防科技工业的总产值占全国工业总产值的 25% 左右，国防工业雇员占全国雇员总数的 20%，近几年，以色列军工企业的年销售总额均在 50 亿美元左右。可谓是小国家大军工！

以色列国防科技工业涵盖了军用飞机、坦克与装甲车，导弹、卫星与运载火箭、舰艇、军事电子设备等各领域军用产品的研制与生产，形成了门类齐全、设备先进的国防科技工业科研和生产体系。以色列的军工企业超过 200 家，大致可分为三类：国有企业，主要包括以色列飞机工业公司（IAI）、以色列军事工业公司（IMI）和拉斐尔武器发展局，这三家企业是以色列重要的武器供应商和武器系统承包商，雇员约占军工雇员的 35% ~ 40%；私营企业，大多是专业化生产程度较高的企业，通常作为分包商生产武器零部件，如埃尔比特系统公司、埃利斯拉集团等；外资企业，主要是以色列与美国合营的公司及部分外国跨国公司在以色列的子公司，如美国摩托罗拉公司在以色列设立的子公司，这些企业多由外国公司提供资金和技术。著名的研究机构有魏茨曼科学研究院、隶属于以色列军事工业公司的以色列中央研究院，以及内盖夫核研究中心等。

"幼狮"战斗机

　　航空工业。以色列涉足航空工业的企业较多，经常承担任务的有30家左右。其中著名的企业有以色列飞机工业公司、埃尔比特系统公司和以色列军事工业公司。此外还有些中小企业，如威克托普公司、TAT工业公司和卡比兰公司等。在航空科研领域，以色列的主要研究机构有拉斐尔武器发展局、以色列技术学院和较大型航空企业下设的研究机构。以色列拥有较完整的航空产品生产体系和较高的研制生产水平，具备研发、试验和鉴定飞机、航空电子设备和航空武器的能力，在无人机、光电传感器、侦察系统、空空与空地导弹、精确制导炸弹、头盔瞄准系统、通信与电子战系统、飞机改装改型方面具有世界领先水平。以色列已与100多个国家和地区开展了航空与防务贸易活动。

以色列航空工业能够生产多种飞机，如我们熟悉的有"幼狮"、"狮"战斗机、"费尔康"空中预警机及无人机等。尤其是近年来推出的"费尔康"空中预警机、"哈比"无人攻击机等性能一流，受到许多国家的追捧。在机载武器方面，以色列研制生产的包括"怪蛇"4短距空空导弹、"德比"超视距空空导弹、"突眼"远距空地导弹及其改型、N-TD"发射后不管"反坦克导弹、"怪兽"和"断头台"激光制导炸弹、"奥法尔"红外制导炸弹以及"金字塔"电视制导炸弹等在内的武器装备都具有世界领先水平，不仅在本国使用，而且还大量出口到欧美等航空工业发达国家和地区。如其与美国联合研制的"突眼"远距空地导弹已装备美国空军的 F-16 战斗机、B-52H 轰炸机以及西班牙、意大利海军的 AV-8B 攻击机。

航天与导弹工业。以色列有世界第五大武器装备出口国之称，在很大程度上归功于其导弹工业。但其航天工业起步较晚，规模较小，缺乏相应的国家太空政策，也没有进行长远规划的中心实体或机构。但其技术水平还是较高的，不仅在侦察卫星的研制上有较高的技术水平，而且是世界上第八个用自行研制的运载火箭成功发射本国卫星的国家，有"彗星"轻型运载火箭，还有三级固体燃料"沙维特"火箭。从发展航天工业至今，经过20多年的努力以色列现在拥有4

个卫星系列，即"地平线"卫星系列（侦察卫星）、"地球资源观测系统"卫星系列（军民两用遥感卫星）、"阿莫斯"卫星系列（通信卫星）、"技术卫星"系列（试验卫星）。"地平线"系列卫星已经成功发射了7颗，即"地平线"-1/2/3/4/5/7/9，其中"地平线"-9定于2010年6月发射成功。

"德比"中程空空导弹

以色列的导弹产品种类繁多，性能先进，并形成系列，65%的产品用于出口。主要的导弹武器系统有弹道导弹、反弹道导弹、空地导弹、空空导弹、面空导弹、反舰导弹和反坦克导弹等。典型型号包括：弹道导弹，有"杰里科"系列；空地导弹，有"星"1，"突眼"系列，"猎人"和"凯里斯"反辐射导弹；空空导弹，有"怪蛇"系列、"谢夫里"系列及"德比"导弹；面空导弹，有"箭"1/2地空导弹，"巴拉克"舰空导弹和ADAMS舰空导弹系统；反舰导弹，有"迦伯列"系列；反坦克导弹，有"玛帕斯"、"哨兵"、"佛来姆"和"花花公子"等型号。其中尤其以地空导弹性能优异，"箭" 2 导弹是以色列与美国合作研制的区域防御反战术弹道导弹系统，是世界上最先进的现役导弹防御系统之一，它既能拦截中近程弹道导弹和巡航导弹，又能拦截飞机。"巴拉克"导弹是以色列研制的近程点防御舰空导弹系统，该导弹采用垂直发射方式，采用推力矢量控制和气动力相结合的控制方式，机动过载高达 45g，不仅可拦截战斗机和直升机，还能有效拦截掠海飞行的反舰导弹，由于采用雷达光电复合制导和双波段单脉冲跟踪，因此在恶劣的电子对抗环境下仍有很高的制导和命中精度。

"梅卡瓦"主战坦克

兵器工业。以色列自行研发的兵器装备已达 1000 多种，能够研发包括主战坦克、装甲车、军用车辆、火炮、火箭炮、轻武器和弹药等各类兵器。其从事兵器装备研制与生产的有 2 家大型国有企业，分别是以色列军事工业公司和拉斐尔武器发展局；4 家大型私营企业，分别是塔迪兰通信公司、埃尔比特系统公司、埃利斯拉集团和索尔塔姆有限公司。另外还有 200 家左右的中小型私营企业或协作生产厂商。除拉斐尔武器发展局外，兵器工业科研机构主要有魏茨曼科学研究院、以色列生物研究所、以色列军事工业公司下属的中央研究所和以色列技术学院等。另外，耶路撒冷大学也承担兵器研究工作，并向兵器工业输送工程师和高级技术人员。

以色列兵器工业产品大致可分为坦克、装甲车辆、火炮、轻武器和弹药 5 大类。其中以坦克最为大家所熟知，如享誉世界的坦克"梅卡瓦"型主战坦克，该型坦克共发展了 4 代，最为出名的就是"梅卡瓦"4 型，据说性能堪比美国的 M1A2 主战坦克，且在沙漠里的性能还优于 M1A2。

船舶工业。以色列拥有较强的小型舰艇设计建造以及各种船用电子设备、舰载雷达和舰载导弹系统的研制生产能力，基本形成了小型高速水面舰艇设计建造和舰载武器系统与电子设备研制生产共同发展的科研生产体系，但舰艇动力系统和其他配套设备主要依赖进口。研制生产的各种小型军用快艇、舰载武器系统和电子设备均处于世界先进水平。其自行设计建造的"萨尔 5"级导弹护卫舰，是一种能担负反水面舰艇、反潜、防空和巡逻任务的多功能水面舰艇。反舰功能，"萨尔 5"级导弹护卫舰装有 2 座美制四联装"鱼叉"反舰导弹，该型导弹射程 130 公里，属高亚音速，低水平面掠海巡航，生存性和有效性较强，在舰载直升机提供中继制导的情况下，这种导弹可对目标进行超视距攻击；"萨尔 5"

级导弹护卫舰还装有 8 座以色列造"迦伯列"反舰导弹发射装置（每舰 4 座），导弹装有综合瞄准系统，射程可达 36 公里，最大飞行速度为 0.7 马赫。反潜功能，"萨尔 5"导弹护卫舰的反潜武器系统，是由 1 架直升机和 2 座鱼雷发射管组成的两个层次的反潜火力组成的，主要反潜武器是 2 座三联装 MK32 鱼雷发射管，可以发射 MK46 主/被动寻的型反潜鱼雷，鱼雷航速 40 节，射程可达 11 公里，航行深度 600 米以上；该舰配备的 1 架"海豚"SA366G 或 1 架"海豹"直升机，可用于远程反潜。

"萨尔 5"级导弹护卫舰

军事电子工业。军事电子工业是以色列军事工业中发展最快的行业之一，从事军事电子系统生产的企业约 70 家，主要的企业有埃尔比特系统公司、埃尔塔电子工业公司、埃利斯拉电子系统公司和拉斐尔武器发展局等。此外，以色列还有许多生产电子元器件等配套产品的企业。以色列具备自行研制先进雷达的能力，产品不但装备本国军队，还向其他国家出口，以色列拥有高水平的火控雷达技术，埃尔塔电子工业公司开发的"箭"式导弹火控雷达是以色列最大、最先进的雷达，主要用于探测来袭导弹。机载电子设备水平也居世界前列，埃尔塔电子工业公司开发的 M-2032 机载多功能火控雷达全部由软件控制，适应能力和扩展能力都很强，广泛出口，已装备智利的 F-5E 飞机、罗马尼亚的米格-21 飞机和土耳其的 F-4 飞机及"幻影"2000 飞机升级型号。同时，以色列的机载预警系统居世界领先水平，该系统采用固态相控阵雷达技术以及最新的天线、电子侦察、敌我识别、信号处理、通信和显示技术，并将雷达、敌我识别系统、电子支援系统、电子侦察系统和通信情报系统等多种探测设备与可编程信号处理机，通信设备和显示设备融为一体，具有战术空中地面监视、早期预警、指挥与控制和情报获取等功能，是目前世界上最先进的机载预警系统之一，该系统已经出口到国外，如智利、印度等国。

核工业。以色列有核武器也是不争的事实，但至今以色列既没有签署《不扩散核武器条约》，也不承认拥有核武器。外界普遍猜测以色列拥有 100 ~ 200 枚核弹头，且其核工业水平高于印度和巴基斯坦。

【点评】以色列是个小国，但却是个国防科技工业大国，可能正是有强大的国防科技工业实力作支撑，以色列才久战不败。

韩国国防科技工业：迈向全球化

韩国是世界上第十大经济体，其电子、汽车、船舶等产品享誉世界。近几年来，韩国国防科技工业也一路向上，其超音速喷气教练机和战车不断获得征订大单，并定下雄心壮志，要在 2020 年成为全球"十大"武器装备生产国之一（2008 年统计全球排第 19 位），实现军品出口额 20 亿美元的目标。可谓昂首迈向全球化！

韩国国防科技工业是在 20 世纪 70 年代以后迅速发展起来的，现有主要从事军工生产的企业 100 多家，此外还有为数不少的企业参与军工产品的科研生产与配套服务工作。韩国政府按照军民结合、寓军于民的模式，使冶金、机械、电子、造船等部门的民用企业都不同程度地参与武器装备科研与生产，形成了军民结合的国防科技工业体系。韩国参与军品研制的企业大多是军民结合的，多数以民品生产为主，突出的一点是大公司占有主导地位。其中 75% 的军工产品由大宇重工业公司、韩国航宇工业有限公司、LG 公司和现代重工业公司等十几家大型企业提供，在这些大型企业中军工产品所占的比重在 10%～25%。

韩国军工科研由国家、大专院校和生产企业三部分构成。国家级研究机构有国防部国防科学研究院（ADD）、韩国科学技术研究院（KIST）、韩国先进科学技术研究院（KAIST）、韩国航空航天研究院（KARI）、现代重工业公司的船舶海洋研究所和焊接研究所、韩国原子能研究院（KA-EPI）和电子与通信研究院（ETRI）等。此外，各大军工企业和相关的大学也都拥有自己的科研部门或研究所。

航空工业。韩国有8家公司直接参与航空工业项目。另有100家左右的公司参与了一些与航空有关的项目。在这些公司中，最大的一家是韩国航宇工业有限公司（KAI），是韩国唯一的飞机整机制造商，韩国的重大航空生产项目均由该公司承担。韩国主要的飞机零部件、发动机部件和飞机系统制造企业有三星航空公司（发动机及其零部件的制造）、韩国铸造工业有限公司（为航空业制造精密铸件）、韩华公司（制造飞机液压、飞控和燃油产品与系统）、WIA公司（制造起落架及飞机部件）、大宇重工业公司（制造飞机零部件）等。航空维修企业主要有大韩航空公司和韩亚航空公司。这两家公司同时也是韩国的主要航空运输公司，此外，大韩航空公司还制造直升机和飞机结构件。

韩国航空工业通过购买、许可证制造并利用自身具备的

T-50/A-50 高级教练机/轻型攻击机

研发与生产能力，已具有生产先进战斗机、轻型攻击机、教练机、中型与轻型直升机、航空发动机和部分航空电子设备的能力。韩国研制与生产的军用飞机包括 T-50/A-50 高级教练机/轻型攻击机、KT-1 初级教练机、KF-16 战斗机、无人机等；研制与生产的直升机有：与美国贝尔直升机公司合作研制的 SH-427 直升机，专利生产的波兰 W-3A 中型直升机等。其中尤以 F-16C/D 战斗机生产项目对韩国航空工业生产能力的提高作用最大，韩国担负了 F-16C/D 战斗机机体的70%、电子设备的 40%～50%、F-100-PW-229 发动机的43%的制造任务，达到了较高的国产化水平。而与美国合研的 T-50/A-50 高级教练机/轻型攻击机则标志着韩国航空工业质的发展。据韩国官员表示，未来实现军品销售额 20 亿美元的目标主要就靠 T-50。

航天与导弹工业。韩国的航天研究和开发力量不是很强，除了探空火箭和小型实验卫星之外，尚处于仿制美国与欧洲航天产品的阶段，短期内还不能独立研制中、大型航天系统及导弹产品。但由于韩国在电子工业、材料和加工、光学与精密仪器制造、化学工业等领域掌握先进的技术，因而具有发展航天工业的良好基础，从 2003 年开始，韩国逐渐研制和生产了一批先进航天与导弹产品。韩国的航天与导弹产品结构比较简单，研制的航天产品包括低轨道卫星和探空火箭，主要型号有 KSLV 系列，目前已经发展了 KSLV-1（80%的配件来自俄罗斯"安加拉"运载火箭）和 KSLV-2

两种，KSLV-3 预计在 2015 年前服役，运载能力约为 1.5 吨；卫星有"阿里郎"多用途实用卫星，"高丽星"系列遥感小卫星；火箭产品有 KSR 探空火箭系列；导弹产品有低空近程"天马"地空导弹系统、K-PSAM 便携式地空导弹、"北方天空守护神"导弹系统、"海星"反舰导弹、"天龙"巡航导弹以及目前正在研制的"红鲨鱼"反潜导弹。其中，"天马"地空导弹系统，以法国"新一代响尾蛇"自行式防空导弹为蓝本，属于野战防空型低层中高空防御系统，也是韩国现役唯一的为机动部队提供全方位防御的系统。"天马"导弹主要用于防御近程弹道导弹、巡航导弹、低空攻击机或直升机，采用破片战斗部和激光近炸引信，最大马赫数 2.6，射程 500 米 ~ 11 公里，射高 15 ~ 5000 米。"海星"反舰导弹（2005 年量产部署），韩国国防科学研究所和 LG 公司在美制"鱼叉"导弹的基础上研制，对外公布射程为 150 公里，具有发射后不管的能力。"天龙"巡航导弹（2006 年开始部署），射程达到 500 公里，误差在 3 米以内，能贴着地面蛇形飞行。据悉，韩国引进的 3 艘 U214 级潜水艇也装备这种

"天龙"巡航导弹

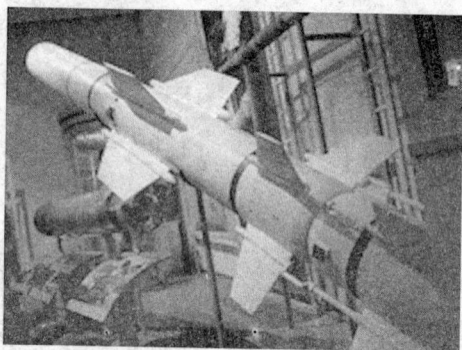

"海星"反舰导弹

巡航导弹。"红鲨鱼"反潜导弹（2009 年试射成功，预计 2012 年服役），采用垂直发射系统，射程约 20 公里。

最近两年，韩国逐渐加大了对航天领域的投入，制订了"天军"规划，计划在第一阶段即 2015 年之前构建太空作战基础系统，第二阶段（2016～2025 年）构建光学及激光太空监视系统，在地面实战部署激光武器；第三阶段，在 2025 年以后将在大气层及太空部署实战激光武器，提高到太空军队的水平。

兵器工业。韩国现拥有 13 家坦克装甲车辆制造公司、11 家步兵武器公司、10 家弹药公司、5 家火炮公司、10 家机动装备及后勤支援设备公司、12 家军用通信设备公司、9 家枪械厂和 9 家战术车辆厂。主战坦克、火炮等兵器的研制任务由国防部国防科学研究院下属的大田研究中心承担。兵器产品主要有坦克、装甲车辆、火炮、轻武器，弹药以及军用光学仪器等。主要的知名品种是 K-1A1 主战坦克及其改进型 K-1 主战坦克；K-200A1 步兵战车，大量出口到了马来西

K-1 主战坦克

亚陆军；K-9 "雷声" 155mm 自行榴弹炮，发射能力相当于美国 M-109A2 的 3 倍，土耳其购买了 10 亿美元可用于组装 300 门的 K-9 零部件。

船舶工业。韩国目前基本上能够自行设计、建造各种复杂类型的船舶，具备设计和生产大型护卫舰、驱逐舰、扫雷艇、潜艇、登陆舰和各种军辅船的能力。但从总体上看，韩国的研制生产能力和技术水平发展十分不平衡，主要表现是

K-9 "雷声" 155mm 自行榴弹炮

民船的研制生产能力和技术水平比较强，军船则相对比较薄弱，特别是在舰艇武器装备和配套设备的研制生产方面与世界先进水平存在较大差距。在护卫舰、驱逐舰和潜艇等一些先进舰艇的研制生产方面，基本上是采取由购买许可证逐步转向自行设计建造的方式进行的，如 KDX 型系列驱逐舰包括 KDX-Ⅲ，只有舰体在本国船厂建造，其主机、武器装备和电子设备仍是从国外引进的。

韩国代表性的船舶军工产品有：LPX 两栖攻击舰，又有"直升机航母"之称，该舰全长 200 米，宽 32 米，标准排水量 1.4 万吨，满载排水量达 1.9 万吨，远大于泰国直升机航母的 7000 吨、1.145 万吨，日本"大隅"号直升机航母的 8900 吨、1.3 万吨，从舰载机能力看，可以搭载 10 架以上的 CH－60"山猫"直升机，并可经简单改装，即可搭载战斗机，据说美国的 JSF 联合攻击机、英国的"鹞式"战斗机都在考虑之列，首艘已于 2007 年 7 月编入海军服役。

KDX-Ⅲ驱逐舰，该舰的宙斯盾雷达系统最远可在 1000 公里处同时搜索、追踪约 900 架飞机，且具有追踪、拦截弹道导弹的能力，大大提高了预警范围；装有 2 座美制四联装"鱼叉"反舰导弹，导弹射程 130 公里，飞行马赫数 0.9，另配备 16 枚国产的"海星"反舰导弹，射程达 150 公里；装备有美国生产的"阿斯洛克"垂直反潜导弹系统，可以用来发射国产"红鲨鱼"反潜导弹，携弹量 16 枚，射程 19 公里；装备 32 枚国产"天龙"舰对地巡航导弹，2008 年 12

月首艘服役。

KDX-Ⅲ驱逐舰

军事电子工业。韩国约有 7000 家电子企业，与军事电子相关的主要企业有 70 多家。主要研究机构有电子与通信研究所、韩国先进科学技术研究院、国防科学研究院等。军事电子工业由通信、雷达、计算机、电子战等整机厂商和一些电子元器件配套厂商构成，包括韩国的厂商及合资企业。其中军用通信设备主要制造商有三星泰勒斯公司等 10 家；雷达主要制造商有三星泰勒斯公司等 3 家；电子战设备主要制造商有 LG 依诺泰克公司等 3 家；电子计算机主要制造商有韩国系统公司等 10 家；电子元器件主要制造商有大宇电子公司等 7 家。主要产品有低空监视雷达、跳频电台、航空电子系统通信系统、指挥和控制系统、信息和电子战装备。

核工业。韩国的核燃料制造完全是自力更生的，它建立了加压重水堆和压水堆燃料制造设施。韩国原子能研究所是促进核能和平利用的中心，它曾与加拿大原子能有限公司进

第一章 制胜的基石——国防科技工业建设

行广泛的技术合作，开发了坎杜堆（CANDU）燃料设计和制造技术；与美国燃料工程公司（CE）进行核蒸汽供应系统设计和工程合作；与德国的西门子/电站联盟进行高燃耗压水堆燃料设计；与加拿大原子能有限公司进行坎杜堆机组的核棱蒸汽供应系统设计，实现了韩国核堆芯技术的自主化。韩国核燃料有限公司（KNFC）负责核燃料的设计、制造及相关研究与发展、转化和服务。韩国电力公司运营着20座核电机组，约占韩国总电力装机容量的30%和总发电量的40%，预计到2015年达到28座。2009年年底，韩国首次打进国际核电市场，并取得了阿联酋200亿美元的核电大单。韩国1975年签署了《不扩散核武器条约》，1992年与朝鲜签署了《朝鲜半岛无核化联合宣言》，目前没有研制核武器。

【点评】韩国目前形成了比较完整的具有相当规模的国防科技工业体系，涵盖航空航天、兵器、舰船、电子以及核工业等各个领域，不仅能够提供满足自卫需求的武器装备，并逐步向成为武器销售的全球市场领先者的方向发展。

日本国防科技工业：戴着枷锁的猛兽

日本是世界第二大经济体，也是一个工业大国，日本的三菱重工、川崎重工、三井造船、东芝等都是世界知名企业。按理说，日本在军工方面也应是"大腕"，但事实上，基本上没有看到日本有什么军品在世界军火市场上销售。其实，这并不是日本军工研制与生产的能力不行，而是日本国防科技工业脖子上套着一个沉重的"枷锁"。

这个沉重的"枷锁"就是日本所谓的"出口三原则"，日本为了显示其所谓的和平诚意，在 1967 年 4 月针对武器出口问题提出了 3 项基本原则，即不向共产主义阵营出售武器，不向联合国禁止的国家出售武器，不向发生国际争端的当事国或者可能要发生国际争端的当事国出售武器。1976 年 2 月，三木首相提出，对"三原则"对象以外的地区也不出售武器，1981 年 1 月，日本国会做出了《关于武器出口问题的决议》，此后，日本一直实行禁止对任何国家出口武器的方针。这也是世界军火市场上看不到日本军工产品的根源。但日本却有着极其强的军工研发与生产能力。据日本一家研究机构测算，日本一旦介入国际军品贸易，日本军工厂商将控制军用电子市场的 40%、军用车辆市场的 46%、舰艇市场的 60%、航空器市场的 25%～35%。

看来，将日本国防科技工业称作"戴着枷锁的猛兽"一点也不为过。

日本没有独立的国有军工企业，而是在政府的扶持下，建立了以民间企业为主的国防科技工业生产体系。其主要军品生产企业有三菱重工业公司、石川岛播磨重工业公司、川崎重工业公司、富士重工业公司、三井造船公司、住友机械公司、三菱电机、东芝、日本电气、小松制作所、日立制作所和富士通等 20 家大型企业。其他 2400 余家中小企业只能通过承包、分包等方式获取生产权。这些大企业在制造汽车、船舶、发动机、家用电器、电子设备等民用产品的同时，不断将民用产品开发中储备的尖端民用技术应用于军事领域。例如，小松制作所生产的轮式装甲车，就充分吸取了本公司生产的建筑机械的液压技术、工业机器人的自动控制技术、越野车辆的越野技术、工程车辆的特种钢技术等一些先进的民用产品生产技术。

虽然日本没有独立的国有军工企业，但日本政府却一直没有放松对其重要军工企业进行控制，实际上与拥有独立军工企业没什么两样。为了对这些民间企业进行有效组织和管理，日本通过各种手段和形式加强与这些重要企业之间的关系。采取的办法通常有：每年把由自卫队退役的相当一批上校以上高级干部安排到有关企业担当要职，并且订货越多的企业，接纳这些官员就越多；成立民间军工产业团体，如"日本兵器工业会"、"日本造船工业会"、"日本防卫装备工业会"等，使其起到政府与企业之间的桥梁作用；以经济利益诱导，在各大企业均设有专门的军工生产机构，如日立制作所设有"军事技术推进本部"，住友重工设有"军事工业综合室"，日立造船设有"舰艇武器本部"，日本防卫厅主要通过与这些企业内部特殊的部门加强联系；为使军工生产布局合理，便于战时动员和转产，日本政府尽量把军品生产分散在多家企业，避免过度集中于几个厂家，特别是对具有独特技术的中小企业实行分散订货，使其做到有序竞争，据说，日本90式主战坦克的制造涉及了日本全国1300多家企业。

F-2 战斗机

航空工业。日本从事航空产品生产的企业主要有8家，即三菱重工，川崎重工、富士重工、新明和工业株式会社（简称新明和工业）、石川岛播磨重工、JAMCO、昭和飞行机工业公司、日本飞行机公司，此外，还有16家企业从事机载设备的研制生产。从事航空产品研究的机构主要有日本内阁府各省（部）、防卫厅和各大专院校下属的航空科研机构，以及航空工业企业设立的科研机构。

日本航空工业按产业类型大致分为飞机、发动机、机载设备三类。负责研制和生产飞机的主承包商有三菱重工、川崎重工、富士重工3家，其中三菱重工以F-2战斗机为主，同时生产直升机以及运输机、民用飞机部件；川崎重工以直升机为主，同时生产教练机、运输机、反潜巡逻机、维修E-767、E-2C预警机、C-130H运输机，也生产F-2战斗机和民用飞机部件。富士重工以教练机为主，同时生产军民用直升机、无人机和靶机，也生产F-2战斗机等军用飞机和民用飞机部件。负责研制和生产飞机发动机的主承包商是石川岛播磨重工，三菱重工和川崎重工也参与发动机的研制生产。负责生产机载设备的有东京航空仪表、关东航空仪表、日本航空电子工业、神钢电机等16家企业。

日本的航空产品大多是在引进技术的基础上，通过自行设计或联合设计研制生产的，PS-1反潜水上飞机、T-2超声速教练机、C-1军用运输机和T-4中级教练机等达到了较高的水平。日本虽有这么多实力超强的大企业，但一直没有独立研制军用飞机，其F-2战机是以美国洛克希德·马丁公司的F-16C战斗机为基础研制的，发动机也是美国的。在整个F-2计划中，美国提供了45.8%的研制费，并承担了40%的工作份额，其中可能蕴含着美国巨大的政治企图和经济利益。但现在这种情况可能会改变了，2010年1月，日本宣布其军用运输大型飞机C-X试飞成功，据说其性能超过美国的C-130和俄罗斯的伊尔-76，航程5000公里以上，能够实行跨大洲作战，预计2013年前后列装日本自卫队。

军用运输大飞机 C-X

航天与导弹工业。日本航天与导弹工业的主要企业有 7 家，即三菱重工、日产汽车、石川岛播磨重工、日本电气、东芝、三菱电机和川崎重工。此外，还有 100 多家公司参与航天与导弹产品的研制和生产。其中比较重要的有 50 余家，它们大多是经团联宇宙开发促进会、防卫生产委员会和日本航空宇宙工业会的会员。从事航天科研的机构较多，其中最主要的是宇宙开发事业团（NASDA）和宇宙科学研究所（ISAS）。此外，还有航空宇宙技术研究所、电子导航研究所、工业技术院电子技术研究所、通信综合研究所、气象卫星中心、遥感技术中心等主要机构。

日本航天系统最重要的总承包商主要有 2 家，即宇宙开发事业团和宇宙科学研究所。宇宙开发事业团是航天器（包括卫星和空间站等）、液体运载火箭和天地往返运输系统、高性能火箭发动机的总体设计单位和总承包商。宇宙科学研究所是科学卫星、固体运载火箭、探空火箭的总体设计单位和总承包商。其他从事航天产品研制生产和服务的重要承包商还有6家，其中三菱重工承包H系列液体运载火箭、国际空间站的日本实验舱（JEM）、天地往返运输系统的研制和总装生产；石川岛播磨重工研制生产液体和固体火箭发动机、液体和固体运载火箭推进剂；日本电气是科学卫星、气象卫星、海洋观测卫星、地球观测卫星、通信广播卫星和各种卫星地面设备的制造承包商；三菱电机是通信卫星、工程试验卫星和空间飞行装置（SFU）试验平台的主承包商；东芝是广播卫星和工程试验卫星的制造主承包商。目前日本导弹工业的主承包商有5家，其中三菱重工研制生产（包括许可证生产）空空导弹，反舰导弹和面空导弹；三菱电机生产（包括许可证生产）空空导弹和面空导弹，东芝电气研制生产面空导弹，川崎重工和日本电气生产反坦克导弹。这5家企业各有所长，如三菱重工和川崎重工擅长研制生产导弹弹体和发动机；三菱电机和东芝长于制造导弹制导系统和电子设备；日本电气则擅长设计制造电子元器件。

日本航天工业运载火箭主要有"L系列"、"M系列"、"N系列"、"H系列"、"J系列"等系列火箭，其中"L系列"仅"L-4S"是运载火箭，并在1970年2月11日成功地发射了日本第一颗人造卫星"大隅"号。"H-2"是一种两级液氢液氧燃料火箭，全长50米，直径4米，总重260吨，可把约9吨的有效载荷送上近地轨道，把2吨的有效载荷送上地球同步轨道，是日本目前最大的运载火箭，2007年升空

H-2A 火箭

的"月亮女神"绕月探测器就是由 H-2A 火箭发射的。

另外，日本卫星也有较高的水平，专门发展高端卫星，20 世纪 80 年代中期以来，日本开始积极研发先进军用卫星，并先后发射了"海洋观测卫星-1、-1b"、"日本地球资源卫星-1"和"先进地球观测卫星"等众多型号的先进卫星。其组建中的"情报搜集卫星"系统由 4 颗卫星组成，既包括雷达卫星，也包括照相卫星。2009 年 11 月，"光学 3 号"发射成功，"光学 3 号"卫星上装备十分先进的照相机，可进行连续拍摄，对地面物体的识别能力也大为提升。据称，"光学 3 号"卫星采用黑白照相机拍摄，其分辨率可达 60 厘米，而此前发射的"光学 1 号"和"光学 2 号"卫星的分辨率仅为 1 米。"光学 3 号"卫星可清晰分辨地面的车辆型号，甚至连车上装载的货物也能看得十分清楚。

日本研制和生产（包括许可证生产）的导弹产品共有 4 大类：空空导弹、面空导弹、反舰导弹和反坦克导弹。空空导弹，由三菱重工仿照美国响尾蛇 AIM-9E 研制开发的 AAM-1/2/3/4/5 系列导弹，其中 AAM-5 属于第四代空空导弹；面空导弹，日本面空导弹种类比较齐全，自行研发的种类较多，包括"凯科"91、"凯科"93、Chu-SAM、AH-RIM 等，所装备的导弹能够拦截低、中、高空目标，日本还通过许可证的方式生产"爱国者"导弹系列；反舰导弹有 SSM、ASM、XSSM 三个系列。

兵器工业。日本具备各种兵器的研制生产能力，其中坦克装甲车辆的研发能力和水平居世界先进行列。例如 90 式坦克、89 式步兵战车、87 式侦察警戒车辆均代表了日本坦克和装甲车辆技术。其中 90 式坦克曾多次在世界主战坦克排行榜上名列前茅，坦克的总体性能相当于美国的 M1A1 和德国的"豹"2 式主战坦克。

船舶工业。日本船舶工业在世界上位居先进行列。除核动力航空母舰和核潜艇外，目前，日本能够独立研制各种水

日本 90 式坦克

面舰艇、常规潜艇、舰载武器和船用设备，也具备航母及核潜艇的设计与建造的技术基础和生产能力，基本形成了品种齐全、配套设施完整的船舶工业体系。日本目前从事舰船建造的大型企业主要有 6 家，分别是三菱重工、川崎重工、石川岛播磨重工、日立造船、三井造船、住友重工，6 家企业共拥有 20 余家从事军用舰艇建造的造船厂。在日本 6 大造船企业中，建造潜艇的企业有三菱重工、川崎重工；建造驱逐舰的企业有三菱重工、石川岛播磨重工，日立造船、三井造船、住友重工；建造护卫舰的企业有日立造船、三井造船、住友重工；建造两栖战舰的企业有石川岛播磨重工、日立造船、三井造船；建造水雷战舰艇的企业有日立造船、三井造船；建造巡逻舰艇的企业有三菱重工、川崎重工、石川岛播磨重工、日立造船、三井造船和住友重工。

20 世纪 90 年代以来，日本在本国建造的舰艇主要包括：水下排水量为 3000 吨的"亲潮"级和 2750 吨的"春潮"级常规潜艇；标准排水量为 7250 吨的"金刚"级、4550 吨的

"村雨"级、4650 吨的"高波"级导弹驱逐舰；标准排水量为 2050 吨的"阿武隈"级导弹护卫舰；标准排水量为 8900吨的"大隅"级两栖船坞登陆舰；标准排水量达 13950 吨的"日向"号直升机航母（2009 年 3 月交付日本海上自卫队），以及各种水雷战舰艇、巡逻舰艇、训练舰和支援舰、科学考察测量船等。

"大隅"级两栖船坞登陆舰

军事电子工业。日本是电子工业强国，拥有极为先进的军民两用电子技术，特别是半导体、计算机和通信产品的研制处于世界领先地位。日本人曾说，如果没有日本产的半导体芯片，1991 年海湾战争时美国"战斧"巡航导弹和"爱国者"导弹就不可能发挥那么大的作用。可以说，日本现在是世界最大的军事电子技术大国之一，第三代及第四代战斗机的有源相控阵雷达、导弹寻的用的半导体芯片等技术处于世界最高水平。美国洲际导弹的计算机控制设备在很大程度上也是依靠日本制造的新一代半导体芯片。通信设备的生产企业主要有三菱电机、日本电气、东芝、日立、富士通、东洋通信机、松下通信、国际电气、日本无线电、安立、长谷川电机、新电元工业等多家；雷达的生产企业主要有三菱电机、日本电气、东芝、富士通、国际电气、日本无线电等；计算机和电子设备的生产企业主要有日本电气、东芝，日立，日本计算机等；电子战系统的生产企业主要有三菱电机、日本电气、富士通等。

主要军事电子工业产品，通信设备主要包括无线电台、无线传输设备、机载电台、电子交换机、移动基站设备、移动终端设备、机载无线通信机、超视距多路通信设备；雷达产品主要包括机载雷达、舰载雷达、三坐标陆基防空雷达、气象雷达、地面雷达等；电子战设备主要包括综合电子战系统、电子支援措施系统、雷达干扰机、雷达告警接收机、电子对抗系统、信号情报系统等。典型雷达产品，如日本人称之为最先进的雷达——FPS-5"龟甲"雷达，FPS-5的主体呈六棱形，其中三面配有直径约18米和12米的雷达，可360度全覆盖式监测，主要用于捕捉并跟踪导弹，它利用电子扫描的灵活性和快速性，能同时搜索、探测和跟踪不同方向和不同高度的多个目标，并同时制导多枚导弹攻击和拦截多个空中目标，同时还具有较强的抗干扰能力。

核工业。日本民用核工业规模庞大，目前有54台核电机组在运行，在建的核电机组有3台，是仅次于美国、法国的世界第三核电大国。这些核电站目前由东京电力、关西电力等12家大型电力企业经营。日本核工业发展已有60余年的历史，形成了从铀矿开采到铀矿加工、冶炼、转化浓缩、燃料加工、乏燃料后处理以及放射性废物处理和处置的一套较完整、配套的民用核工业体系。日本是第二次世界大战战败国，禁止生产核武器，但日本却有极大的生产核武器的潜力。2002 年，日本国内曾举行过一次大讨论，时任反对派自由党主席的小泽一郎在演讲中说："对我们来说，制造核弹头简直是轻而易举。我们的核电站里有足够的钚，能制造 3000 枚或 4000 枚这种核弹头。"而国际原子能机构的权威人士也说："如果日本想要制造核武器，它只需在其现有能力的基础上加上政治意愿即可。"

【点评】近年来，日本工业界主要军工实体呼吁日本政府修改武器出口政策，撤掉套在脖子上的"枷锁"，一旦真的松绑，世界军火市场必将大变脸。

第二章 潜力的挖掘——国防动员建设

动员体制：快速有效动员的保证

第四次中东战争，以埃及、叙利亚军队为夺回被抢占领土，从南北两线向以军发起突然袭击而开始。形势对以色列十分不利，但以色列仅在 15 分钟内，就通过电台、广播宣读了最高司令部的命令，进行了全国性的政治总动员，在 48 小时内就动员、集中了全国各地 30 多万预备役官兵，相当于以色列原有兵力的 3 倍，部分预备役部队不到 20 小时就开赴前线参战，创下了空前的动员速度，在强大的兵力支援下，以色列连战连捷，最终在联合国的调停下停火。事后，专家普遍认为，以色列之所以能在极短的时间内动员这么大的力量，与其完善的国防动员体制是分不开的。

动员体制是国家为进行战争动员而建立的组织体系及相应制度。主要包括机构设置、隶属关系、权限划分以及相应的法规、制度等。它是国家平时做好战争动员准备和战时实施快速动员的重要保证，对国家安危具有重大影响。相对于以色列快速有效的动员来说，英阿马岛之战中的阿根廷就比较蹩脚了。阿根廷在"劳埃德"国际航运组织注册商船共495 艘，234 万吨，但这次战争仅征用 8 艘，约 4 万吨。由于运输船只严重不足，尽管阿大陆港口堆积了大量物资，马岛守军却缺衣少食，弹药不足，严重影响了作战行动。这与阿根廷的国防动员体制方面存在的问题是分不开的。如果阿根廷能像以色列一样在开战 48 小时内将保障船只保障到位的话，战争的结局就可能会被改变。那么，国防动员体制包括哪些内容呢？

决策机构。一般在国家机关中设立具有很高权威的战争与动员决策机构，例如，美国的"国家安全委员会"，英国的"国防与海外政策委员会"，法国的"国防委员会"等。它们的共同职责是：负责内政、外交和军事政策的制定，解决国家安全和战争与动员等重大问题。以色列动员机构最高决策机构为国防委员会。该委员会由总理任主席，成员包括总统、总理和国防、外交、内政、财政等部部长及总参谋长和若干特别顾问。其职能是，决定有关国防的一切重大问题，如建军方针、作战计划、武装力量体制编制、武器装备生产采购、动员准备与实施等。战争时期，以色列实行战时内阁制。战时内阁成员基本上由参加国防委员会的内阁部长及交通、邮电部部长等人组成。战时内阁权力极大，有些方面不受议会的约束，可直接制订并实施战争动员的计划、政策和法令。在内阁的统一领导下，以色列各个领域的战争动员分别由有关内阁部负责，执行最高决策机构下达的战争动员任务。

有些国家在最高决策机构之下还设有"权责并重"的组织指挥与协调办事机构。如美国的"紧急动员准备委员会"，英国的"国防参谋部作战需求委员会"，法国的"国防总秘书处"，日本的"国防事务局"等。基本职能是：平时贯彻执行国家的战略方针和动员政策、法规，组织拟制动员计划，督促检查各级动员部门的工作；战时按照动员计划、命令，组织各级动员部门实施战争动员。以色列设有动员监督机构，主要有议会、内阁及司法部门组成。其中，议会对内阁及其所属各部门具有监督的职能，内阁对其各部门、各部门对其工作人员和公民具有监督权。如内政部及其所属的警察机构，对全社会有极大的监督权力；司法部门对动员实行法律监督，惩罚一切违反战争动员法的行为。

部门和行业结构。国家各部门和行业均设动员机构，形成纵向与横向网络体系。美国政府各部均设有动员局、处，根据国家对战争动员的总要求，分别制订与实施各方面的动员计划；并在全国10个行政区设有办事处，负责各州的动员准备与实施工作；国防部的二级部和陆军部、海军部、空军部设有不同名称的动员部门，分别负责动员计划和人力、物力动员；国家设"兵役局"，各州设"征兵局"，县（市）设"兵役委员会"，基层设"征兵登记站"；军种募兵司令部、募兵勤务部队还在各州设"募兵站"，其基本任务是平时负责募兵、战时负责征召一类预备役人员。英、法、德、日的动员体制近似美国。

以色列主要设立了武装力量动员机构和工业动员机构。国防部负责武装力量动员工作。在国防部长领导下，总参谋长负责实施现役部队动员，平时做好现役部队快速反应和扩充部队的准备工作。以色列的工业企业分为国营、私营和外资三类，军事工业以国营企业为骨干。军事工业特别是国营军工企业主要由国防部通过其办公厅及下属的研究发展局、采购生产管理局和军事工业公司进行管理。工业动员主要由国防部负责，内阁其他经济部门配合。国防部的对外军援和军品出口部，负责在国际上进行军品采购，争取军援，尤其是在战争中紧急采购外国军品。为了协调各工业部门的动员，国防部专门设立了军事工业协调员、科学主任和经济顾问，作为国防部及其办公厅的特别参谋，代表军方对工业部门实施动员。在战争动员中，内阁各部门及地方政权机构都有相应动员任务。例如，外交部负责处理战时外交事务，争取国际援助，协助国防部门在国际上采购武器装备；内政部维护社会秩序、防止暴乱；财政部负责战费筹措；运输、通信等部门负责本部门的动员；教育部门与军方共同负责国防教育和精神方面的动员。

动员计划和法规。第二次世界大战以来，许多国家制定颁布了多种动员计划和动员法律法规。据不完全统计，美国制定有动员计划 18 种 30 多类，动员法律法规 20 多种，既有《国家安全法》、《国家紧急状态法》等具有母法性质的基本军事法，也有《武装部预备役法》、《国防生产法》和《国防设施法》等较高层次的法律，再辅之以《民航后备役条例》、《战时财产征用法》、《战场损伤评估与修复纲要》等一般法规，形成了纵横交错、结构严密的法律法规体系；日本的动员法律法规有 9 种 50 多类，动员计划 5 种 30 多类，如《武力攻击事态法案》、《安全保障会议设置法修订案》等"有事法制"的相关法案；法国的动员法律法规有 40 多个，其中涉及动员组织机构的法规就有 6 个，主要有《总动员法》、《国民役法》、《征用法》等；英国的动员法律法规，主要在民法中列有平时与战时动员条款，主要有《紧急全权国防法案》、《后备军组织法》、《民防条例》等；俄罗斯涉及动员方面的法规有《俄联邦国防法》、《俄联邦动员准备与动员法》、《战时状态法》、《紧急状态法》、《民防法》等。

以色列根据本国的战略环境以及经济、地理、人口等情况，为维护国家的安全和利益，通过制定一系列法律条款形成了一套比较完善、效率很高的动员制度，如《国防法》、《兵役法》、《预备役储备计划》、《预备役动员法》等。如在兵员动员制度上，其《兵役法》规定，以色列实行以"全国动员"、"全民皆兵"为特征的普遍义务兵役制度，也招募部分志愿兵，年满 18～29 岁男性公民和 18～26 岁的女性公民，都必须依法服现役，超过服现役年龄而未服现役的男子，必须征召到部队接受数周军事训练，实行义务预备役制度，根据普遍义务兵役制原则，每个公民在正规部队服现役后，必须转服义务预备役。并对预备役参训的时间有明确规定，预备役人员每年都要征召服役，接受军训，一级预备役人员每年集训 42 天，二级预备役人员每年集训 26 天。

【点评】战争实践证明，良好的国防动员体制可以解决"平时少养兵、战时多出兵"的矛盾问题，并对战争的进程和结局具有重要影响作用。

政治动员：吹响战争的号角

政治动员是人力、物力、运力等其他动员的前提条件、有效保证和思想基础，贯穿于战争动员的全过程。政治动员不力，精神准备不足，缺乏有利的国内民意和国际舆论支持，其他动员就难以顺利实施，前线官兵的军心士气就会受到影响，整个战争结局就可能发生逆转。因此，不管哪一方要发动战争，都会首先进行全方位的政治动员，在一定程度上可以说，政治动员就是吹响战争的号角。

那么，什么是政治动员呢？政治动员是国家或掌握武装力量的政治集团为了进行战争而对人民和军队开展的宣传、教育、组织工作和外交活动。其目的在于激发全体军民的爱国热情，动员军队英勇作战，动员人民踊跃参军参战，努力增加生产，厉行节约，全力支援战争。国家还通过各种外交活动和对外宣传，争取世界人民和友好国家的同情和支持。具体来说，政治动员可以起到以下几个作用。

争取民心。"民心所向"是战争胜负的重要因素，往往决定着战争的最后结局。任何国家或者掌握武装力量的政治集团，为了顺利进行战争并赢得战争，都要首先解决民心向背的问题，都要把政治动员作为首要环节加以实施，以此达到宣传人民、统一思想、凝聚人心、一致对外的目的。中国共产党在历次革命战争中，在前方和后方，解放区和敌占区，对工、农、商、学、兵各界，全国各族人民，社会各阶层以及海外华侨，广泛而不间断地进行政治动员，为夺取战争胜利发挥了重要作用。土地革命战争时期，为建立和扩大红色政权，确定宣传群众、组织群众、武装群众的方针，建立宣传员制度，开展了保卫土地革命、保卫红色政权重大意义的宣传；通过政治动员，提高了群众踊跃参加红军，进行游击战争，为自身解放而战的自觉性。抗日战争时期，为打败日本侵略者，放手发动群众，动员全国各民族进行抗战，中国共产党于 1937 年 8 月，发表《抗日救国十大纲领》，号召全国各族人民和社会各阶层、各民主党派团结起来，积极参加抗日战争，促成全国抗日民族统一战线，出现了全面抗战的局面。1938 年 5 月，毛泽东在《论持久战》一书中，分析抗日战争的敌我形势，肯定政治动员是取得民族革命战争胜利的首要条件，对政治动员的目的、内容和方法作了精辟的阐述，向全党提出了政治动员的任务。通过政治动员，进一步推动了全国的抗日热潮，广大群众积极参军参战，发展和壮大了人民武装力量。广大民兵维护社会治安，担负战斗勤务，一方面坚持生产，另一方面积极配合部队作战。八路军、新四军在广大群众和友军的支援、配合下，英勇杀敌，在抗日战争中取得了一个又一个的胜利。解放战争时期，为推翻国民党反动统治，建立新中国，中国共产党深入进行政治动员，广泛发动群众，各地出现了参军参战、支援前线的热潮。1946年全面内战爆发后3个月，解放区就有30万名农民参加人民解放军。在辽沈、淮海、平津三大战役中，各地民兵和人民群众880万人，在一切为了前线、一切为了胜利的口号鼓舞下，组成支前大军，把大批粮食、弹药和军需物资送上前线，并踊跃地担负起运送伤员、看押俘虏等各种战斗勤务，为解放战争的胜利做出了重大贡献。抗美援朝战争期间，中国共产党和中央人民政府在人民群众中普遍、深入地进行爱国主义和国际主义的宣传教育，掀起了"抗美援朝，保家卫国"的热潮。全国有207万名青年踊跃参加中国人民志愿军；成千上万的民工、铁路员工、医务人员奔赴前线，担任各种战地勤务；工人和农民努力增加生产，厉行节约，勇于捐献，使中国人民志愿军得到了可靠物质支援和巨大精神鼓舞。

但对于侵略者来说，他们也重视争取民心，明明是非正义的，却非要给自己戴上一顶高尚的帽子。为此，他们在政治动员时会不择手段，颠倒黑白。德国为发动侵略波兰的战争，可谓"用心良苦"，导演了一场令德国人民对波兰引起憎恨的"希姆莱事件"。1939 年 8 月 31 日，根据希特勒的安排，德国党卫队员阿尔弗雷德·赫尔莫特·瑙约克斯，命令 100 多名德军士兵，穿着德国最高统帅部谍报局长卡纳里斯海军上将送来的波兰军队的服装，装扮成波兰军人，向德国格莱维茨电台进行枪击，以造成波兰军人侵略德国的假象。为了造出德国电台被波兰军人袭击"死了许多人"的罪证，德国方面把事先灌醉了的集中营囚犯放在地上，充当德国电台被打得奄奄一息的工作人员。然后，德方请许多媒体的记者来拍照，大造波兰军队制造了事端的舆论。很快，波兰军队进攻德国格莱维茨电台的照片和消息，一下子传遍了全世界。而德国的媒体，更是在希特勒的一手策划下，连篇累牍、不厌其烦地一再渲染此次事件，以激起德国人对波兰人的愤恨之情，为随之而来的进攻波兰做好准备。

再如，美国为了发动伊拉克战争，美国总统、美国政府和美国军方，大肆宣传伊拉克拥有大规模杀伤性武器，并且与本·拉登的基地组织有着不可分割的联系。在美国的宣传引导下，美国的大部分民众都将"9·11"事件与萨达姆联系在一起了。这样的"邪恶轴心"不除掉，美国一天也不会安宁，美国在全世界的利益都要受损。为了把伊拉克的危险性强调得足以让美国人惊得目瞪口呆的地步，美国政府编造

小布什亲自到海军进行动员

出了种种没有任何事实根据的理由。2003 年 1 月 28 日晚，美国总统布什在发表一年一次的《国情咨文》中故意"透露"："在海湾战争的几年中，他（萨达姆）购买了化学、生物和核武器……联合国在 1999 年查出萨达姆有足够的原料制造超过 38000 升的炭疽病毒，足以导致数百万人因窒息而死。我们的情报人员估计，萨达姆有足够的原料制造 500 吨之多的沙林毒气、芥子气和 VX 神经毒剂，这么多数量的化学毒剂可以杀死无数人……美国的情报还显示，萨达姆拥有能够发射化学毒剂的 3 万件武器装备……"因此，布什总统要求美国人民充分意识到向伊拉克开战、迫使萨达姆下台的必要性。美国媒体铺天盖地的反伊舆论，使民众支持布什总统对伊开战的人数直线上升，很快达到了 70% 的民意支持率。

鼓舞斗志。第二次世界大战中，盟军准备在诺曼底登陆，为打好关系到欧洲战场反法西斯战争生死存亡的这一仗，盟军总司令蒙哥马利元帅通过广播进行政治动员以激励官兵士气。他是这样动员的，"你们在干一件无与伦比的大事业。世界将通过你们完全变一番模样，历史将为你们竖立一座丰碑，写上：你们是迄今最优秀的军人！这是世界上从未有过的'拔河比赛'，那些即将开辟第第二次世界大战场的军人们所负的责任，是成功地执行自己的任务并最后作为一个自豪的人，回到家里同亲人团聚。"士兵听了广播，士气高涨，斗志旺盛，军官们更是主动请缨，在随后的残酷战斗中舍生忘死，一往无前。

苏联在卫国战争中发布告人民书，运用报刊、广播、出版、文学、艺术等舆论工具和形式，通过党团组织和群众团体，进行宣传鼓动，号召共产党员、共青团员和广大人民群众参军参战，加紧生产，支援前线，极大地激发了苏联人民的爱国主义热情，动员了千百万人奔赴战场，或在敌人后方开展游击战争，与侵略者进行英勇战斗，广大群众在各条战线上忘我劳动，大力支援战争，终于赢得了卫国战争的伟大胜利。而两伊战争期间，伊朗利用民众的宗教热情，发布为伊斯兰革命而战的动员口号，使大批 13～18 岁的青少年积极参加"敢死队"，投入战争。

赢得国际支持。人们通常将战争的正义性与国际社会的反对或支持联系起来，因此，发动战争的一方为美化自己，

美国对伊拉克时任总统萨达姆进行妖魔化宣传

总会想尽办法到处进行动员，以争取国际社会的支持。1991年的海湾战争中，美国抓住了伊拉克入侵科威特这一事实，以伊拉克威胁全球石油利益和盟国安全为由，鼓动了几十个国家站在星条旗下，听任美军调遣，一起攻打伊拉克。如果说，美国在海湾战争中陈述的进攻伊拉克的理由是无可非议的话，而2003年美国发动的伊拉克战争就没有任何道理了，就像当年伊拉克入侵科威特一样，属于侵略行为。为了拉拢盟友入伙，美国操纵各种媒体，大肆编造伊拉克拥有大规模杀伤武器，萨达姆与本·拉登联系密切的消息。在世界舆论普遍对美国不利的情况下，美国政府为了获得联合国授权，时任总统布什及国务卿鲍威尔不止一次亲临联合国大会，争取联合国的支持，摆出种种向伊拉克开战的"莫须有"的理由，甚至完全捏造事实栽赃伊拉克。同时，美国政府还派人四处游说，私下做个别国家的工作，以求得安理会所有成员国的支持。但除了长久一直追随美国对外政策的英国之外，法国、俄罗斯和中国3个安理会常任理事国坚决反对美国对伊动武，最终只有美国的"铁杆盟友"英国一个国家加入美国入侵者的行列，攻打了伊拉克。

俄罗斯在车臣战争伊始，为避免车臣问题国际化、防止西方及其他国际势力插手车臣问题，俄政府进行了一系列的外交活动。在战争开始后，俄外长立即致函联合国秘书长、八国集团、独联体、欧盟、某些伊斯兰国家的外长，强调任何对恐怖分子的支持都将被视为粗暴干涉俄内政；为防止某些伊斯兰教组织向车臣提供精神和物质支持，俄外交部召见了一些阿拉伯国家驻俄使节，指出"车臣武装分子以宗教为掩护，从事与宗教毫无共同之处的恐怖活动，教友不应予以支持"，希望这些国家的政府"能够采取有效措施，以杜绝庇护车臣犯罪组织的活动"。俄还派特使前往伊朗、巴基斯坦、沙特等国，阐明俄在车臣的行动"完全是针对恐怖分子的"。通过这些外交活动，俄得到了一些国家的理解，为顺利进行军事行动创造了一定条件。

> **【点评】** 历经两次大战洗礼的人们，越来越认识到和平的重要性，世界上维护和平、制约战争的力量也进一步壮大，为了争取民意和国际上的支持，交战双方在战前都会更加重视政治动员，未来战争的开端将仍是政治动员。

武装力量动员：战争动员的核心

信息化条件下的战争，具有爆发突然、杀伤力大的特点，战争的进程和结局往往会在战争初期定下基调，国家武装力量对于国家转入战时体制，争取战略主动，具有重要意义。因此，做好战争动员，首先必须做好武装力量动员。

武装力量动员是国家将军队及其他武装组织由平时体制转为战时体制所采取的措施。通常包括现役部队、武装警察部队、预备役部队、民兵和预备役人员，以及相应的武器装备和物资等动员。

武装力量动员早已有之。在古代，虽然没有武装力量动员概念，但在历次战争前，参战国都要进行征募士兵、扩大军队、筹措粮草、车马和武器装备的武装力量动员活动。在我国战国时代，各国互相攻伐，出兵动辄数十万，征召兵力

（当时叫作抓丁）成为常事，秦赵长平之战时，秦国为迅速扩大军队，连 15 岁的少年也都进行了征召。据记载，国外在 18 世纪出现了动员之说，当时，法国资产阶级为保卫革命成果，抗击欧洲干涉军的武装入侵，国民公会于 1793 年 8 月 23 日颁布了《全国总动员法令》，在很短时间内为军队征集了 42 万人。1806 年，普鲁士在军政部内设立专管动员计划的机构，开始有计划地进行武装力量动员的准备。第一次世界大战时，主要参战国按照动员计划迅速扩大军队，进行了武装力量动员。经过战争初期动员，俄国军队由 138 万余人增加到 533.8 万人，最高兵力达到 990 万人；法国军队由 88 万余人增加到 378.1 万人，最高兵力达到 519.2 万人；德国军队由 80 万余人增加到 382.2 万人，最高兵力达到 820 万人。第二次世界大战时，苏、美、英、法和德、日、意等国进行了更大规模的武装力量动员。苏联的总兵力，1939 年 1 月为 160 万人，1945 年 1 月达到 1136.5 万人；德国的总兵力，1939 年 9 月为 170 万人，1942 年达到 1050 万人（含仆从军）；美国的总兵力，由战前的 33.4 万人扩大到 1945 年的 1212.3 万人；日本的总兵力，由战前的 63 万人扩大到 1945 年的 720 万人。第二次世界大战结束后，由于科学技术的迅速发展，世界发生多次高技术局部战争，各交战国在进行武装力量动员中增加了专业技术兵员的数量和质量，同时提高了动员的速度。

军队扩编动员。是在临战前或战争爆发后，军队按照动员计划进行扩编和补充，使军队由平时体制编制转入战时体制编制，由平时状态转入战时状态所采取的措施。主要形式有按战时编制调整建制和组建新的作战部队两种。

按战时编制调整建制。世界各国为了在平时节省开支，通常都有平时和战时两套编制，扩编动员，就是由平时编制转入战时编制所采取的措施。在平时，军队根据战备任务的不同需要，又区分为几种不同类型的兵团，其满员率各不相同。例如，紧急战备性兵团，其满员率可达到100%或接近100%；一般战备性兵团，其满员率大约在80%；预备性兵团，其满员率大约在50%～70%；动员性兵团，其满员率只达到20%～30%。一旦需要，紧急征召预备役人员补充部队，使之按战时编制达到满员。

组建新的作战部队。第二次世界大战中，德军在6天内从原有的52个师扩编到103个师，完成了临战前的扩编动员。1941年，苏德战争爆发后，苏军在半年时间内，共新组建286个步兵师、159个步兵旅、82个骑兵师。主要采用的方法就是组建新的作战部队。组建新的作战部队，主要方法通常有：将一个部队扩编为几个部队，如一个师扩编为数个师，具体数目要根据原部队的干部储备情况而定，有的国家在现有部队中按动员计划明确了各级的副职为扩编新建部队时的正职，并与组建新部队的地区建立经常性的联系制度，定期组织动员演练，熟悉动员程序和方法，也有的除为新建部队配备干部外，还抽一部分部（分）队作为新建部队的基础；原有的部队建制升一级，补充预备役军官和士兵后，扩编为上一级建制的部队，如团变师，师变军等；从军事院校或若干部队各抽调相应数量的军官和部（分）队，作为基础和骨干，再补充预备役军官和预备役士兵，组建新的部队；由准军事组织、群众性组织成建制地转为地方部队，地方部队再成建制地转为作战部队，或预备役部队成建制地转为作战部队等；完全由动员的预备役人员组成新的部队。

军队扩编动员的顺利实施在于平时做好充分准备，包括：制订军队扩编动员计划；储备充足的合格的后备兵员；建立健全预备役人员的登记统计、组织、训练制度和在紧急情况下的征召制度；划分兵员补充区，对预备役人员进行预编；储备需要补充的装备物资，落实征用计划和输送计划。不少国家在军队中还编有简编师、架子师，或组建有动员师、预备役师，在部队和军事院校中储备大量军官和专业技术人员，以适应战时快速扩编动员的需要。

武装力量损失人员补充。战争中，双方都竭力消灭敌人，特别是由于高科技兵器和大规模杀伤性武器的投入，使战争成为一种人员高消耗活动，如阵亡、伤残、被俘、失踪等；同时，还有一些非作战消耗，如病死、病遣、逃跑、事故伤亡等。这种消耗，必须通过动员补充才能得到补偿，而使部队恢复战斗力。军队人员损失的补充，是战争动员的基本任务之一。军队人员损失的补充形式和方法主要有：根据对人员损失的估算，制订军队人员损失的补充计划；事先划定兵员补充区，确定补充的数量和要求；组成补充团或补充营，以便有组织地成建制地进行补充；明确补充的方向和部队，以及输送的路线和手段。只有在作战过程中持续不断地进行人员损失的补充，方能使部队保持较强的战斗力。

【点评】武装力量动员的成功与否，对战争的进程和结局都有着极其重要的影响，是战争动员的核心内容。

人力资源动员：战争力量之源

人是决定战争胜负的决定性因素，不管武器装备怎么先进，最终都需要人来完成。因此，战争中做好对人力资源的动员是最根本的动员，是战争力量之源。

那么，什么是人力资源呢？人力资源对战争动员有什么影响呢？根据现在的有关人力资源理论，人力资源应是数量和质量两个要素的统一。数量是人力资源的多或少，质量是人力资源的好或差，衡量人力资源的状况，既要看数量的多少，又要看质量的好差。数量和质量的结合，构成人力资源完整统一的内涵。

机械化战争之前（包括机械化战争）的战争中，武器装备科技含量较低，抵近拼杀与射击是主要的作战方式，人的数量在一定程度上可以弥补质量的不足，因此，人的数量至关重要，在战争中各国也都十分重视人的数量。以日本为例，1935 年 10 月，日本进行了一次国势调查，当时的总人口为 7000 万。按日本每年增加 100 万人口计算，到 1937 年应为 7200 万余人。日本于 1937 年发动全面侵华战争时，其兵员为 108 万，占总人口的 1.5%。到 1942 年太平洋战争爆发时，日本的兵员翻了一番增加到 242 万，占总人口的 3.4%。兵员动员的最高峰出现于 1943 年，达到 400 多万，占总人口的比例上升到 5%。到 1945 年日本投降时，动员的总人数已达到 720 万，占总人口的 9.9%。整个第二次世界大战期间，日本在人力动员上达到了历史的最大限度，最高维持兵力为 720 万人，其中陆军 167 个师、126 个旅，550 万人；海军 170 万人。此外，战争末期为准备本土决战，还动员了不脱产的"国民义勇兵"2800 万人，兵力损失共约 216 万人，占兵力动员量的 21%。据说，本来"皇军"是不要有残疾的，但到后来实在无挑选的余地了，有残疾的也被征入伍了。战争末期，连和尚都被拉去接受军事训练，拿起了屠刀。十几岁的孩子、聋哑盲人都进了军需工厂。城里的学生被动员参加"勤劳奉仕"到农村种田。青年女子被编组成"挺身队"，手持用竹子做成的长矛随时准备为国家挺身而出。甚至日本当局还异想天开地提出"结婚报国"的口号，大力奖励早婚，让妇女多生孩子。当然，在那时的条件下不光是日本竭力动员能用之人上战场，苏联和德国也一样。据资料记载，苏联动员总兵力达 2700 万人，占总人口的 14.1%；德国动员总兵力达 1700 万人，占总人口的 21%。

在这种情况下，日本人想得最多的是数量，而非质量。战争中人力资源的数量固然十分重要，因为没有足够数量的人力资源，就不能维持战争。但是，人力资源的质量（即体力、智力以及政治、精神、心理素质等）也是决不可以缺少的基本要素。因为不具有一定质量的人力资源数量，在战争中是毫无使用价值的。所以，在既定不变的人力资源数量条件下，质量则起决定作用。因为数量只表明人力资源有多少，而只有质量才能表明可利用的人力资源有多少。在达到一定年龄的人口中，只有在体力、智力等方面具备服役能力和劳动能力的人，才是在战争中有使用价值的人。当然，想问题不能走极端，这决不意味着数量无足轻重。因为数量越多，则可资利用的比例就越大，数量少，则可资利用的比例相对地少。在现代战争条件下，人力资源的质量显得尤其重要。现代战争中信息化的武器装备大量使用，对操作武器装备的人的要求越来越高，弹药杀伤力也成数量级地增加，这时候动员一个没有学过电脑的人去操纵信息化的装备或生产高科技装备都是不可能的。举例来说，机械化战争时代，强调人海战术，抗美援朝战争中，一个狭窄的朝鲜战场上，中朝与美国双方聚集的兵力总和最高时曾达到 300 多万人。在当时的战争形态下，举国动员是常事，兵员越多越好，谈不上通过科学开发人力资源实现兵员动员。而在信息化战争中，情况就大不一样了，出现了"硕士参战"和"白领的战争"等说法，无一不说明兵员动员的质量和结构已不同往日，对人的智能的开发胜过对人的体能的动员。目前，发达国家的军事专业已达 5000 多种，我国也有 3000 多种。过去进行兵员动员主要是补充步兵部队，现在要求补充的兵员主要是征之能战的专家式、技术型、知识化人才，否则补入部队后就不能很快形成战斗力。例如，在伊拉克战争中，美军动员直接服务于信息化装备的人员达 10 多万之众，而间接服务于战争的信息技术人员更是不计其数，达到了征之能用、用之能战的程度。

对于战争动员来说，人力资源动员还受到人力资源的年龄的影响，据资料统计，可供战争利用的人力资源的生命周期只有 20 年左右。由此可见，人力资源具有很强的时间性。只有利用最佳的服役年龄期限，最佳的劳动年龄期限，才能更有效地发挥人力资源在战争中的作用，而超过了这个期限，其效能就大大降低，以至失去效能。第二次世界大战时期，各参战国为增加兵员总数，不得不放宽征兵年龄，如德国的征兵起征年龄由 18 岁改为 17 岁半，后又改为 16 岁，柏林战役时连 15 岁的少年以及 60 岁的老人也被征召入伍；日本的征兵年龄从 18～25 岁扩宽到 17～45 岁；美国的征兵年龄从 21～28 岁扩宽到 18～44 岁。实际上，在这些被动员起来参战的人员中，有不少人是没有什么战斗力的。

人力资源的动员还受到空间分布的不均匀性的影响。各地区人口密度的差异，形成人力资源分布的不均匀性。人力资源的分布状况，对战争的动员产生有利或不利的影响。人力资源分布的空间大，其有利的方面是可以减少敌方袭击造成的人员伤亡损失；不利的方面是动员集中困难，影响力量聚散的速度。各地区人口密度的差异，可能出现供需之间的脱节，即需要最大的地方人力资源少，需要最少的地方人力资源多。从而也会带来动员集中的困难和增大输送的压力。

人力资源的动员还受到性别的影响。人们都知道一部叫做《战争让女人走开》的国产影片，其实战争不可能让女人走开，也从没有让女人走开，女人也是战争人力资源动员的对象。但由于生理和社会的原因，男性人口在战争中需求量较大，特别是兵员动员，主要是以男性人口为对象，而且在战争的死亡人员中，男性人口所占的比重也大。但战争中女人的地位与作用并不能由此来否认。早在第一次世界大战期间，对妇女的动员和利用就大大地加强了。例如，在英国，参加国民经济各部门工作的妇女人数，从1914年的330万人增加到1918年的490万人。在德国，从1913年到1918年，工业中的妇女人数增加了1/2。在俄国，妇女在产业工人总数中的比例，从1913年的38.7%提高到1917年的43.4%。日本则在战前就开始注意使用女工，在大多数工厂中女工都比男工多，因此，当战争爆发后，日本的工业生产并没有受到多大的影响。同时，女人并不是只作为劳动力来参加物资生产，还拿起武器直接参战。第二次世界大战中，英国就有50万妇女拿起了武器，同男子一起并肩作战。苏联的妇女在战争中表现出同男人一样勇敢坚强，电影《这里的黎明静悄悄》反映的就是苏联妇女同德国法西斯不屈不挠英勇战斗的事迹。1945年年初，仅莫斯科就有2万多名女青年加入莫斯科防空部队，其中一名女青年在战斗中亲手击落德军强击机一架，成为苏联英雄。日本在战争快要结束时，为了进行最后的挣扎，把所有未婚女子都编入"女子挺身队"，使用所有可以用来做武器的各种"武器"包括"竹竿"，准备同"来犯者"作战。1945年3月，被编入"女子挺身队"的日本青年妇女在45万人以上。其他还有自然地理条件和交通运输条件，也是影响和制约人力资源动员和使用的重要因素。

【点评】只要军队还是战争的主体，只要战争还需要消耗物资，人力资源都是战争中最重要的资源，唯武器论者永远是站不住脚的。

科技动员：现代战争动员制高点

在经济不够发达的条件下，战争是人力的搏斗，战争动员以人力动员和物资动员为主。如第二次世界大战时期，苏联动员总兵力达2700万人，占总人口的14.1%；德国动员总兵力达1700万人，占总人口的21%。但现代条件下，信息化武器装备大量投入战场，兵种结构日益复杂，西方发达国家兵种专业技术门类有的甚至达到 5000 多个，而在第一次世界大战时仅 20 几个，现代战争对科技的要求越来越高。20 世纪末至 21 世纪初的几场高技术局部战争表明，科技动员已成为现代战争动员的制高点。

科技动员，包括科研机构动员、科技人员动员、科技设备物资动员、科技攻关动员和科技信息动员。

科研机构动员。科研机构是进行科技研究、设计、开发、情报交流和经营服务的组织实体。科研机构的特征是整体性，其主体即研究人员共同从事某一领域或某一学科的研究和开发。科研机构动员是指动员和组织科研机构的科技人员、科技设备和科技资料等为战争服务的活动。世界各国都有大量的科研机构从事专门领域的研究和开发，主要有政府领导的专门研究机构，企业下属的研究机构及高等大专院校的研究机构等。在现代战争条件下，许多国家平时都把有关战争政策的制定和评估、武器装备的维修、测试、设计改进等课题委托给有关的科研机构。科研机构动员通常以平时的科技管理体制为基础，贯彻军民结合、平战结合的原则和政策，战时在动员部门的统一筹划下，充分发挥各级科技管理机构的组织、协调、监督职能，采取任务委托、签订协议等合适的方式实施。

科技人员动员。科技人员动员是为了满足战时保障军队、军工生产、科研等方面对科技人员的需要所采取的措施，被动员的专家、工程技术人员通常需要脱离原工作岗位到指定的军队技术岗位服务。海湾战争中，美国动员了许多专业技术人员担负勤务保障任务，在其征召的 24.5 万名后备役人员中，70% 以上的是拥有较高科技素质的专业技术人员。在首批征召的 5 万名后备役人员中，大多数为油料补给、防化、扫雷、技术维修等专业技术人员和保障人员。其中大部分技术人员被派到战区实施伴随保障，有些技术专家还直接参与了"爱国者"防空导弹、"战斧"巡航导弹的战斗操作。空军后备役专业技术人员则保障了 42% 的战略空运任务和 33% 的空中加油任务，并及时提供了基地维修、医疗卫生、工程建筑等方面的支援。在伊拉克战争中，美军与武器制造商们签订了承保合同，由他们对科技含量高、保养和维修难度大的武器装备提供全程伴随式保障。仅在前线执行各种保障任务的企业技术人员就近 2 万人。另外，战前美国还曾在拉斯维加斯通过举行 5000 多名电脑专业人员参加的"电脑黑客"大会来招募信息人才。

科技设备物资动员。科技设备物资，主要包括各种仪器设备、机电产品、新能源、新材料、化学试剂等，对于快速提高战斗力具有重要作用，是现代科技动员的重要组成部分，动员的对象主要是军地通用设备物资，如通信设施、运输设施、医疗设施等。海湾战争中，美国就大量征或租用了大量军民通用设备，在通信方面，调用了 3 颗气象卫星、8 颗通信卫星、16 颗全球定位系统卫星以及多光谱图像卫星等为其战争通信服务。同时，租用350多条商业通信卫星线路来弥补军事通信手段的不足，并使用2颗欧洲"斯波特"卫星和2颗美国陆地资源与测绘卫星获取海湾地区的图像资料。除此之外，美国防部通信局还与摩托罗拉公司等高科技电信企业签订了约260项的通信保障合同，并与土耳其邮政、电话和电报系统协调，建立起了包括西南亚及海湾地区在内的三军共享通用的战区军事信息系统。在运输方面，输送部队和物资的305艘舰船中，有205艘是租用的商船。伊拉克战争中，美军紧急征用了200多架民用后备航空队的飞机。其中，首次征用就包括31架大型宽体运输机在内的78架飞机，又另外租用了2架俄制"安-12"大型运输机。在向战区全面出兵时，90%以上的官兵乘坐军方征用的民航班机开往前线。

科技攻关动员。战争具有盖然性，不确定性的事物时时都在出现。根据作战需求，通过科技攻关动员，有针对性地研发一些新型武器装备，是赢得战场主动权的有效途径，这也是科技攻关动员的原动力。科技攻关动员的直接表现是科技攻关成果，科技攻关成果通常是与实践需求结合起来的具有实用价值的新理论、新技术、新工艺、新设计等。例如坦克、舰艇等装上利用新技术成果研制的通信、光学、控制器件，就能大大提高其性能。英阿马岛战争中，英国政府通过科技攻关动员，在短时间内快速组成了作战所需的科学技术力量队伍，研制了部分先进的武器装备，并对部分武器装备进行了现代化的技术改装。如对空军空对地攻击机进行舰载升降与防止海水腐蚀等方面的改造，加装了通信预警设备，改装了导航系统与火力系统，使之成为舰载的空对空战斗机机型；将50余架C-130"大力神"式运输机经过加装圆形副油箱和受油装置，使之具有战略运输机的性能；在古老的"火神"式轰炸机上，装备了新型的"旋转木马"式惯性导航系统和美国提供的火控系统；在"雷达"式轰炸机上，安装了AN／ALQ-101电子对抗吊舱；将"海王"式直升机加装新型海上搜索监视雷达，改装成预警飞机，等等。海湾战争中，为攻克伊军坚固的地下掩体，美国紧急动员全国科研人员，在很短的时间内完成了GBU-28型激光制导钻地炸弹的设计和实验。为了对付伊拉克的"飞毛腿"导弹，美国军方提出研制"联合监视目标攻击雷达系统飞机"的要求，美国的承包商和工业界全力以赴，集中攻关，只用很短时间就改装出2架。科索沃战争中，针对南联盟特定的防空系统，雷声、波音等公司与美国军方仅用4天就迅速开发出相应技术，大幅度提高了美军战机的电子对抗能力。

科技信息动员。科技信息是在科学技术研究中形成的，具有可传递性特点，对解决实际问题具有参考性价值。广泛地收集、整理、检索情报信息，既是战时进行科学研究的重要前提，也是快速发掘科研成果，解决战争武器装备及其他特殊军用物资急需问题的基本方法。主要是通过组织人力或专业技术部门，广泛搜集、整理、检索科技情报，为战时军事、经济和科研提供科技情报。既包括对对方科技信息的搜集，为己方采取技术对策提供依据；也包括充分利用己方的科技信息，为快速解决战争之急需服务。掌握了对方武器装备使用的新技术，及这些新武器装备的技术参数，就可以寻找其弱点及应对办法。例如，当知道对方侦察卫星的运行轨道、周期及侦察方式，就可以采取有效的措施进行反侦察和规避。第一次世界大战时，德国为对付英国的坦克，在获得坦克的绝密资料后，经研究发现只要将其所装备的一种高炮平射即可穿透装甲，收到了很好的效果。而英阿马岛战争中，英军正是有效掌握了阿军的科技信息、特别是高技术武器装备的技术情报，如购自法国的"超军旗"战机和"飞鱼"导弹的技术资料，才使得英军在高技术装备的对抗中取得主动。

【点评】信息化条件下，科学技术对军队战斗力的生成与提高的影响越来越突出，注重动员民间雄厚的科技资源搞好战斗力保障，已经成为现代战争动员的制高点。

民船总动员：进攻马岛的"第四军种"

1982 年 4 月，英国和阿根廷为争夺马尔维纳斯群岛的主权，在南大西洋地区打了一场现代化的海空战争。在这场战争中，引人注目的莫过于英国的特混舰队了。这支舰队由 50 多艘军用作战舰艇、2 艘航空母舰、20 艘辅助舰船和 58 艘各种商船所组成。其中商船约占了特混舰队总数的 44%，涉及 33 家公司，5000 多名商业船员。以至于有人说，没有商船队伍，英国根本打不赢这场战争。

其实，商船军用由来已久，商船是战时交通运输动员的最重要组成部分。美、英、德、法、日、俄等国家都在战争动员的专门法律中对民船征用做了具体规定，为战时征用提供了法律保证，使民船军用合法化。如第一次世界大战时期，美国的《海运法》授权成立美国船舶委员会，促进海运事业的发展并管理运费及海运业务。美国对德宣战后，船舶委员会的权力扩大到具体负责一项规模惊人的造船计划，并控制国内所有适用于海运的船只，同时为商船培训技术人员。1920 年颁布的《商船法》规定，美国商船队在战时或国家发生紧急事变时，即自动作为海军的辅助力量。

英国是大西洋中的一个岛国，18 世纪后期依靠炮舰政策掠夺与侵占了超过它本土百倍以上的殖民地，取得了资本主义世界的霸权地位。第一、第二次世界大战后，尽管英国的国际地位已大不如前，但却一直把海洋视为国家的生命线。为此，英国确立了建设一支强大的海上力量的方针，走的是一条精干的海军与强大的后备商船队相结合的道路，具体做法是把有限的军费用在作战部队的建设上，尽量压缩支援勤务部队的规模，战时主要依靠商船担任海上支援勤务，充分利用巨大的民间运输力量。

在英国，国防部与国家交通运输部门对民船实行统一协调的征用。英国皇家海军副参谋长兼任海运国防顾问委员会主席，与英国船舶公司理事会保持密切联系；国防作战交通局、海军商务与作战局均与政府商业部有密切的业务工作关系，通过政府有关部门随时掌握主要商船的情况。

英国《商船法》规定：新建造民船的设计必须保证"在国家处于紧急状态时，能方便、迅速地改造成适合国防需要的军事运输和支援舰船"。据此，英国平时规定，造船厂的设计图纸必须经军方审阅同意后方能施工，并由军方派出观察和磋商人员进驻船厂监督，军方则负责支付商船附加军事设施部分的费用，所以英国海军部门对商船的设备情况了如指掌，如哪些商船可以承担什么任务，做哪些改装，需要预备什么材料，在什么地点改装都一一存入计算机系统备案。这就保证了战时的需要，增强了快速反应能力。有些商船在设计制造时，就考虑了军事需求，如设有直升机平台、留有加改装的接口、安装适应于军事要求的高频无线通信设备等，所以改装工作很快就可以完成。马岛战争中，政府征用的商船都不同程度地进行了战前紧急加、改装。如将2艘集装箱船改装成可垂直起降飞机、直升机的母舰，在19艘商船上安装直升机平台，5艘拖网渔船改装成扫雷艇，3艘海洋测量船改装成医院船等，且加、改装的时间极快，有的船只改装只用了 2 天时间。为了改装商船，有的设计人员飞往海外商港，与被征用的商船会合，并在其返回海军造船厂的途中就着手解决安装海军设备问题，当船只驶进英国港口时，往往已绘制出改装的图纸。有的在出航后，边航行边改装，从而争取了时间。

马岛战争中被英国征用的商船担负着不同的任务。部分船只担任转装任务，即把货物由英国和直布罗陀海峡运送至阿森松岛转装到舰艇编队的供给船上；部分船只作为补给船用，直接编入特混舰队，其中有 6 艘货船和 1 艘客船还参加了登陆作战；客轮普遍成了运兵船；集装箱船和滚装船成了辅助航母和技术兵器运输船；有的作医院船用，共有 3 艘海道测量船被改装成医院船；有的作扫雷船用，经过改装的 5 艘拖网渔船担任深水扫雷任务，扫除了阿根廷在斯坦利港水域布置的大约 20 枚各种水雷，保证了英登陆部队顺利行动，其中被征用的"圣赫勒拿岛"号客货船成为扫雷的浮动基地。英军在马岛登陆后，商船为岛上运去了大量的帐篷、装配式房屋构件、机场技术装备和建筑材料等。战斗结束后，被征用的商船中有 40% 被保留下来，继续保障英驻马尔维纳斯群岛的守备部队，其中包括 6 艘集装箱船和液装船，3 艘通用干货船和 5 艘油船。战争过程中，商船为特混舰队进行海上补给约 2000 次，其中油船运送燃料 1500 次，运送了 1.5 万个货包和其他储备品。由商船组成的油船队始终使舰队的油料储备保持在 50 万吨的水平上。英国还使用了少数外国注册船只，这些船只由国防部直接租用，用来将油料和补给物资从产地运往英国其他地方的海军造船厂，其中有2艘属于加拿大的货船，主要运送补给品和水。

英国在大量征用商船的同时，也对商船进行补偿，如在民船的设计与建造中贯彻军事要求，其国防效益固然明显，但由此却增加了相当的额外成本。为此，英国对因国防需求而在民船设计、建造中所增加的成本，政府实行"造船差额补贴"，给予一定的经济补偿或提供一定的优惠政策。同时，在战时征用商船时也有一定的补偿，并将有偿征用民船列入动员法规，在市场经济条件下，这一措施有利于战时民船被顺利征用并发挥其军事效用。英阿马岛战争中，英国征用58艘商船，共支付了5500多万英镑的征用费。被征用的商船仍由原来船员驾驶，进入作战危险区后，每人每天加发150%的工资，战争中表现突出者与军人同样立功受奖，有的还可以转入现役，享受军人的待遇。商船被击沉的、击伤的，由政府赔偿。这些具体的补偿措施对保证商船顺利征用起到了重要保障作用。

【点评】民船动员是战时交通运输动员的重要组成部分，在战争实践中，民船以其庞大的队伍和较强的运输能力，获得了"第二海军"或陆、海、空军之外的"第四军种"的美称。

军工动员的绝唱："民主"国家的兵工厂

进行战争，一是靠人力，二是靠物力，其中物力主要就是指飞机、坦克、大炮及枪支弹药等军工产品，靠人力就要进行人力动员，而物力就要进行军工动员。现代战争所需要的技术兵器、武器装备、作战器材和其他作战物资，不仅数量多，而且技术复杂。绝大部分主要依靠国家的工业生产来提供和保障。因此，军工动员是整个战争动员的物质基础和技术基础。

什么是军工动员呢？军工动员是工业动员的重要组成部分，工业动员是国家战时通过对工业的改组，充分挖掘工业潜力，急剧提高军事生产能力，大幅度地增加军品生产，以保障战争需要所采取的一系列措施。工业动员包括基础工业动员和军事工业动员（即军工动员）。工业是国家经济实力的主要基础，军工动员是工业动员的核心内容。军工动员的基本条件如国家工业基础的强弱，工业水平的高低对战时进行军工动员有决定性的影响。由于平时工业主要致力于民用产品的生产，而战时则要求工业主要致力于军用产品的生产。只有通过工业动员，才能实现从平时生产到战时生产的转变。尽管在平时的国防建设中，有相当数量的军品生产和储备，但同战时的要求距离仍然很大。战时对军品生产的需求，是成倍的、十几倍的、几十倍的增长，靠平时已有的军工生产能力和军品储备是远远满足不了需要的。像军队平时养兵少、战时用兵多一样，平时的战备程度再高，也不可能保持战时需要的那样庞大的军事生产能力。这就需要在战时通过工业动员，急剧地扩大军工生产，来保障战争的需要。这一点似乎可从第一次世界大战中的俄国表现出来，俄国在战前储备的步枪，在战争的头两三个月里就消耗殆尽，枪弹和炮弹仅够用到 1914 年年底。1915 年年初，俄国每月本来应当生产 20 万支步枪、2000 挺机枪、400 门火炮、2 亿发子弹和 150 万发炮弹，但实际只能提供 3 万支步枪、200 多挺机枪、100 多门火炮、5000 万发子弹和 40 多万发炮弹，仅能满足军队平均需要量的 15%～30%。

在第二次世界大战期间，主要参战国都建立了大批工业企业，并采取了强化管理机构、扩大重要基础工业的生产能力、挖掘被占领地区的工业生产潜力等措施，将全部工业力量集中投入了战争。其中军品产值占整个工业产值的平均比重，由第一次世界大战期间的 15%～25% 增长到 35%～60%；武装力量所需物资器材，约有 90% 是经过军工动员后在战争过程中生产出来的。其中，美国政府与私人投资达 750 亿美元，新建军工厂 1690 多个，扩建军工厂 920 多个，还组织了 9 万多家民用工厂转产。其中，1944 年时的军工产值占了工业总产值的 60%，主要武器的产量超过任何一个国家，如坦克 8.6 万辆，火炮 12 万门，飞机 20.7 万架，舰艇

8.32 万艘，步兵武器 1400 万件，汽车 240 万辆。美国向其盟国提供了 3.7 万辆坦克、79.2 万辆汽车、4.3 万架飞机和 180 万支步枪，可谓是其所谓的"'民主'国家的军工厂"，其规模也可谓是军工动员的绝唱。

在第二次世界大战中，美国自称是"'民主'国家的兵工厂"。有其主观和客观两个方面的原因。主观上，包括总统在内的绝大多数美国人"宁愿花钱，不愿死人"，这也是美国成为"'民主'国家兵工厂"的重要原因。战争伊始，时任美国总统罗斯福就没有准备送更多的美国人到战场上去，而是准备发挥美国"在军事装备和供应品上的技术质量优势和数量优势"，把美国变为反轴心国阵线的"民主兵工厂"。在美国人看来，"美国的农场和工厂不仅可以支持本国的武装部队，而且还可支持大英帝国、苏联和国民党统治下的中国以及其他一切愿意参战的盟国"。客观上，美国在第二次世界大战中，其军工生产确实达到了相当高的水平，显示出雄厚的军工生产潜力和军工生产动员能力。

但是美国人开始并不想真正担当"'民主'国家的军工厂"这个称谓，受国内孤立主义势力的影响，美国在第二次世界大战前的一段时间里，对未来的战争抱着十分消极而又矛盾的态度，一方面想借此发财，另一方面又怕引火烧身。这使他丢掉了很多军火生意，直到 1937 年 5 月，美国还不加区别地一律禁止向任何交战国家出口武器。真正促使美国思想转变的是法国投降，最直接的原因是日本轰炸珍珠港，如果没有这两点，恐怕美国到最终也不会参战，美国也可能就不是现在这么强大的美国了。经济学家们算过一笔账，在战争期间，美国工人的工资增加了68%，而生活费用却只上涨36%。根据战争期间人口收入的变化情况可知，有1/3的美国人在第二次世界大战中进入了中产阶级。美国各公司的利润也从战争中的64亿美元增加到108亿美元，工业生产使国民生产总值从1941年的910亿美元增加到1945年的1660亿美元，一跃而成为世界第一号经济强国。

1940年6月法国投降一事，大大刺激了美国。美国人感到，如果英国再失败，则美洲及美国难保。6月5日，罗斯福在演说中向全世界作出保证："我们将向抵抗暴力者提供我国的物质资源"。6月11日，丘吉尔向美国政府呼吁援助，美国人也算说话算话，6月20日，美国就将其军火库中现存的50万支步枪、8万挺机关枪、900门大炮、100万发炮弹全部运往英国。9月2日，又把50艘旧驱逐舰交给了英国。但这个时候，美国还是在按照1939年修改后的"中立法"行事，也就是说，美国人还是以中立者的身份，向交战国出售武器。1940年11月，罗斯福第三次当选总统后公开表示，要增加美国对其他国家的军火供应。一个月之后，鉴于主要的武器购买国——英国的支付能力已十分有限，不可能再继续执行"现金交易、运输自理"的原则，罗斯福在一次记者例会上表示，美国愿意用贷款或租借的办法给英国和被侵略国家提供武器和物资援助。12 月 29 日，他在"炉边谈话"中说："如大不列颠一旦崩溃，所有我们整个美洲的人即将生活在枪口之下……我们必须竭尽全力就我们所能支配的人力和物力，生产武器和舰只……我们必须成为民主国家的大兵工厂。"而要真正做到这一点，美国人就不能再以中立者的面孔出现了。1941 年 1 月，罗斯福正式向国会提交咨文，要求国会批准"租借法案"。3 月份，美国会经过激烈辩论，终于通过了"租借法案"，并授权总统有权向对美国安全具有重大意义的国家以出售、转让、交换或租借等方式提供武器和军用物资。还当即决定拨款 70 亿美元用于"租借法案"，援助反法西斯国家。同时，"租借法案"废除了"现购自运"的原则，规定可以用美国船只运输武器、货物。法案还规定，在战争结束后，受援国应归还"借贷或出租"的武器和物资。

"租借法案"的制定是美国向"'民主'国家的兵工厂"这一角色转变的开始。在此之前，虽然美国已经对军工生产进行了局部的动员，军火的产量已经比动员前有了较大的增长，也向包括中国在内的一些国家提供了数量可观的军火，但其战争潜力特别是军工生产潜力远没有动员起来。在此之后，美国的军工生产进入了一个新的阶段。特别是珍珠港事件后，美国宣布无限期紧急状态，开始对人力、物力、财力等方面进行全面动员。军工生产水平从此突飞猛进。到 1940

年开始扩大军火生产时，美国尚有 700 万失业工人。当经过动员后，军工企业如雨后春笋般涌现，大量的退休人员、妇女和黑人出现在军火生产线上，来自南方各州的农业工人和破产的农场主纷纷前往东部、中西部和太平洋沿岸各州的工业企业中工作，工业劳动力在一夜之间增加了 1000 万人，而农业劳动则一下子减少了 500 万人。至此，军工生产出现了第一个动员高峰。1940 年到 1941 年间，美国的军火产量翻了一番。并且在这一时间里研制出一大批新的军事装备，如雷达、机载和步兵反坦克火箭、两栖车辆、轰炸导航系统、探测潜艇的声呐和各种摧毁潜艇的火箭推进武器、炮弹、用于陆海军各种高炮的无线电近炸引信、治疗战伤感染和热带疾病的药物等。到 1941 年美已拥有可按战时编制编组 100 万陆军的各种武器装备，储备可装备 200 万军队的各类主要耐用装备，并具备生产 400 万军队所需武器和其他军需品的工业生产能力和每年提供 1.8 万架飞机的航空工业生产能力。而在最高峰时，美国生产的自用装备就可以装备 1200 万人的军队。

为了真正担负起"'民主'国家兵工厂"的责任，美国在扩军计划基本完成之后，再次扩大了军火生产的规模。1942 年 1 月 6 日，罗斯福在给国会的国情咨文中提出了经过修改的经济动员计划。计划规定在 1942 年要再生产飞机 6 万架，坦克 4.5 万辆，高炮 4 万门，商船 800 万吨。为实现上述计划，美国利用其强大的工业基础，一方面加强煤电、钢、机床等基础工业的生产，另一方面大力挖掘军工生产能力。先后将9万多家民用工厂转产军工产品，这一数字再加上原有的军工企业，使1/2的美国工厂都担负军工生产任务。迅速动员，迅速见效，到1942年年底，美国的武器生产比1941年增加了35倍，军工生产水平达到轴心国的总和。1944年军工生产达到最高峰时，美国约有1/4的工业生产能力用于生产军用品。1943年，从事军工生产的职工达960万人，占工业部门就业总人数的56%。

【点评】在第二次世界大战中，美国充分利用其雄厚的现代工业基础，采取了一系列军工生产动员措施，在短时间内使美国变成了个巨大的兵工厂，在为世界反法西斯战争的胜利做出巨大的贡献的同时，也通过军品生成为自己创造了巨大的财富，为其以后的霸权打了坚实的基础。

动员潜力：战争能否持续的关键

第二次世界大战进入最后阶段，日本在其国内不仅开始了以"彻底强化消费节约"的物资总动员计划，甚至将和尚、残疾人也都纳入到兵力动员对象范围，昭示着日本帝国主义失败的到来，也暴露出了其最大的战争弱点——动员潜力太小。

什么是动员潜力呢？动员潜力，是国家在战争中所能动员的人力、物力、财力和精神力量等全部国力的总和。动员潜力是战争动员的基本对象，是战争动员赖以进行的客观基础，也是战争能否持续的关键。战争动员的全部内容和全部过程，就是对动员潜力的发掘、组织和使用的过程，就是把动员潜力转化为战争实力的过程。

动员潜力具有天然性、散在性和隐藏性的特点。动员潜力是潜在的有待于转化为现实力量的力量。动员潜力是客观条件，动员能力是主观条件，动员潜力通过动员能力的作用，即主体对客体的作用而转化为现实的力量。动员潜力的大小，决定动员能力发挥的限度；动员能力的强弱，又决定动员潜力转化为现实力量的程度。在具体的动员实施过程中，可能会出现四种情形：动员潜力大，动员能力强；动员潜力大，动员能力弱；动员潜力小，动员能力强；动员潜力小，动员能力弱。这四种情况实践的结果都是不一样的。动员潜力雄厚，能为动员能力的发挥提供强大的基础；动员能力优异，能为动员潜力的发挥提供良好的条件。同时，动员潜力又具有长期稳定的特点。它虽然也是个可变的量，即由于主观上和客观上的不同因素的作用，既可以增大，又可以减少。但是，这种增减，是缓慢的、渐进的，即不能在较短的时间内出现大的增加或减少。

兵力动员潜力，是国家为进行战争而征募公民到武装力量服现役的能力，是国家武装力量动员潜力的重要组成部分，对战时扩充军队规模具有重大影响作用。国家人口的数量和质量是兵员动员潜力大小的决定因素。国家人口多，年龄结构合理，劳动力充足，兵员动员潜力就强，战时为军队提供的兵员就多，质量就好。公民的科学文化、政治素质和国防教育程度，也对提高兵员质量和兵员动员能力有一定的影响。在信息化条件下，国家经济状况和科技水平对兵员动员潜力具有重要影响，在人口数量大体相同的条件下，科学技术愈发达，社会生产力水平愈高，用于保障军工生产和维持国民生产所需的劳动力就愈少，可动员兵员的数量就愈多。

科学技术动员潜力，是通过一定动员机制可以转化为战争服务的科学技术实力的能力。反映一国科学技术实力所达到的最大规模和最高水平。按构成要素区分主要包括：科学技术人员动员潜力，科研设备、设施动员潜力，科研经费动员潜力，科学技术创新与应用动员潜力等。按科学技术构成区分主要包括：信息、通信技术动员潜力，航天技术动员潜力，航空技术动员潜力，机械电子技术动员潜力，舰船技术动员潜力等。构成科学技术动员潜力的因素有：一个国家科学技术的发展水平和规模，包括科学技术研究机构的数量、质量、规模、人数、科研成果数量等；科学技术的开发能力，包括国家科研队伍素质、构成、科研强度（平均每名科研人员占有的科研经费）、科研和试验设施设备等；科研人力资源的数量和质量，包括现有科研人员的数量和素质，以及科研后备人员的素质和数量；科研经费的数量，包括基础理论科研费、应用开发科研费、科研。设备投资费、科研后备力量培训费等；国家科学技术管理职能的发挥状况，在国家进行动员时，能顺利实行战时科研计划和战时管理体制，以适应战争对科学技术成果应用的要求；科学技术结构及其协同保障能力，主要是高新技术在整个科学体系中所占的比重，以及在军事上的应用程度，各种技术的互相结合及运用的能力等。

工业动员潜力，是能够转化为工业动员实力的工业能力，对于保证军品生产，特别是武器装备生产具有决定性影响。工业动员潜力通常主要包括：工业生产力规模，尤其是重工业，如冶金、化工、机械制造、石油、电力、电子等工业行业的数量和水平，是工业动员潜力的主要构成部分；国家矿产资源状况及开采条件，是工业动员潜力的重要物质基础；工业布局，是提高战时工业安全防护能力，保证工业动员实施，满足战争需要的重要潜在能力；工业结构，是保证工业动员潜力快速转变为工业动员实力的能力；工业动员管理体制和动员法规，是工业动员潜力快速转变为工业动员实力的组织保障和法律保障；工业企业职工和管理人员的素质及战备观念，等等。

自然资源动员潜力，是经动员可直接或间接为战争利用的一切天然物质力量，国土（领土、领海、领空）幅员大小、自然环境优劣，是资源储藏量的重要地理条件，包括土地资源、水力资源、矿产资源、生物资源、气象资源和海洋资源等。自然资源潜力一般分为：取之不尽、用之不竭的自然资源，如阳光、风力、地热和海波等；可以更新的或反复使用的自然资源，如生物、森林、土壤和水资源等；蕴藏量有限且不可更新的自然资源，如各种矿产资源等。为保护自然资源动员潜力，世界一些国家的普遍做法是：在和平时期大力开发使用取之不尽的自然资源，尽量控制开发和节约使用其他资源；科学地利用和保护可更新的资源，如提高森林覆盖率，保护水源，遏制地面沉降、沙漠化、水土流失，减少大气、水体、土壤的污染，保护和繁衍动物、植物资源，维护生态平衡；采取控制人口、科学规划、强化法制、提高国民素质和推行资源综合利用政策等有效措施，降低不可更新的资源开采率，有意识地储备战略资源，防止自然资源蕴藏量的日益枯竭。

精神力量潜力，精神力量是一种无形的、无法用数量计算的，又在战争中起重要作用的潜力。精神力量的潜力，存在于兵力资源的潜力之中，但它又可成为一种重要的反作用力量，对兵力、科学技术、工业、自然资源动员潜力的发挥，起推动或阻碍的作用，发生积极的或消极的重大影响。

【点评】值得注意的是，高技术条件下的局部战争有限性突出，不再以攻城略地为主要目的，强调速战速决，兵力兵器占有优势一方往往强调先发制人，通过"斩首"、"外科手术式"打击达成战略目的，使得另一方的动员潜力来不及挖掘就遭受到重大损失而失败，动员潜力对局部战争的影响可能越来越小。

动员能力：巧能补劣

1948 年 5 月 14 日午夜，刚刚宣告成立只有几分钟时间的以色列，就遭受了 5 个邻近的阿拉伯国家的大举进攻，企图将它一举消灭在摇篮里。好在以色列早有准备，举国迎敌，不仅击败了入侵者，迫使他们签订了停战协定，而且通过这场战争把比联合国分治决议划给以色列的领土还大 1.5 倍的土地并入了自己的版图。从那时起，以色列与其周边国家一直处在打打谈谈、谈谈打打的状态。特殊的国情，长年的战争，使以色列这个情势对其极为不利的国家具有极强的动员能力。尤其是在第四次中东战争中，以色列在 48 小时内就动员、集中了全国各地 30 多万预备役官兵，相当于以色列原有兵力的 3 倍，部分预备役部队不到 20 小时就开赴前线参战，动员能力之强，令世人吃惊！

动员能力，是国家对人力、物力、财力资源潜力和精神力量等潜力用于战争的本领、组织力。亦即战争动员主体对战争动员客体的作用力。动员能力是动员潜力转化为现实力量的主观条件，没有动员能力这个主观条件，动员潜力仍然是"自在之物"，而不能成为现实的活的力量。动员能力的大小，决定动员潜力转化和发挥的程度。动员能力的广义内涵，有时还指通过战争动员所能动员起来各种力量的总和，即战争动员主体对客体作用的结果。

对于动员能力，斯大林曾有过一段精辟的论述，他指出："常常有这种情形，资源多，但是使用得极不得当，优势等于零。很显然，除了资源以外，还必须有善于动员这些资源的能力和正确使用这些资源的本领。"在这里，斯大林把战争动员的对象（客体）和主体加以明确区分，具有较强的科学性。它有利于引起人们对发挥主观能动作用的重视，认识提高动员能力的重要性。动员实践的结果，充分证明动员能力的巨大作用。动员潜力因动员能力的不同，而产生不同结果。假定动员潜力为一个不变的值100，动员能力强，实际动员的结果可能为达到70、80，动员能力差，实际动员结果可能只达到40、50。两人对弈，棋子相等，条件相同，却可以分出高低、上下和胜负，决定的因素就在于棋手的棋艺高低，即操盘能力的强弱。国家在战争中对动员潜力的发掘、组织、使用和发挥的程度，主要取决于动员能力的强弱。

但同时，还要注意动员能力的大小，虽然可以决定动员潜力的发挥程度，但却不能超越动员潜力的客观限度。任何一个国家在一定的时间内，动员潜力中可动员的量是有限度的，动员能力再强，也不能超越这个限度。动员能力，只能在拥有动员潜力条件的范围之内发挥作用。第二次世界大战末期的日本，虽实施了经济总动员计划，对一切重要物资实行统管，并征召和尚、残疾人等服役，也难以挽回其败势。战争指导者，必须充分估量动员能力在发挥动员潜力上的最大限度，从而确定战争动员的指导方针，使主观的企图建立在客观可能的基础之上。

动员能力，即战争动员的组织力、本领，是由诸多因素构成的。这诸多因素的综合，就是动员能力的整体。构成动员能力的因素主要有：

信息获知传递和判断能力。在战争动员中，无论是对动员时机的选定或是对动员规模、动员数量、动员形式、动员方法、动员程序等的确定，信息都具有重要的意义。信息获知传递的准确、及时，并作出正确的判断，是动员能力的重要因素之一。反之，就是对动员能力的削弱，甚至会使动员能力丧失。在时机的有效期限内，动员能力可以发挥最大的作用。错过时机，动员能力则大大减弱，甚至可能化为乌有。马岛战争开始前夕，1982年3月11日，一架阿根廷军用飞机自称发生了某种故障，在马岛紧急着陆，马岛总督立即将此事向英国政府作了报告，称这一行动十分可疑。但英国政府对马岛总督的报告并没有给予足够的重视，9 天之后，也就是 3 月 20 日，在距马岛很近的一个英军观察哨，发现有可疑船只驶抵马岛，从船上下来的人，在马岛上升起一面阿根廷国旗，便通过卫星向伦敦当局作了报告。但英国政府并没有立即公布这一惊人的消息，而是把它当作绝对机密封锁起来。当时英国的公众和舆论界只知道"登岛者是一些买卖废铁的人"，连英国下院的议员们得到的消息也很有限，只知道登陆者在岛上作短暂停留后，留下了 6～10 人，其他人则很快离去。英方没有完全掌握阿方的真实意图，更不知道阿军方都有些什么计划。英国外交部事后解释说：直到 3 月 29 日，即阿方军队大举在马岛登陆的前夕，阿根廷军政府还没有一个明确的登陆计划，所以英情报部门才没有发现任何值得报告的动向。这可能是一种逃避责任的解释，但却也反映出了信息的极端重要性。

决策和应变能力。在正确判断情况的基础上，不失时机地下定正确的决心，是战争动员取得预想结果的前提。优柔寡断，或者是鲁莽行事，都是战争动员的大忌。但同时，在瞬息万变的战争时期，事先制订的动员计划，也不可能做到计划完全与战争实际相符合，大部分符合或一部分符合就不错了。这要求战争指导者必须具有决策和应变能力，即根据变化了的新情况，以新的决策取代不适应实际情况的决策，做到随机应变，以变应变。英国在马岛之战前的动员决策显得就不尽如人意，从阿根廷在马岛上升起国旗到英国组成特混舰队出兵间隔了20多天时间。在20天的时间里，对于战争动员体制不够健全的国家来说，也足以拿出多种对策包括作出动员决策。但战争动员体制"相当完备"的英国却没有做到这一点。他们甚至到战争爆发前的最后一刻还没有将"一块领土已经遭到侵犯的消息告知英国公众"，更谈不上对民众进行必要的战争教育和战前动员了。

组织计划和动员准备能力。现代大规模战争动员规模之庞大，内容之繁多，环节之复杂，都是以往战争所不可比拟的。这对组织计划和动员准备，都提出了更高的要求。因此，事前必须进行系统、周密、全面的考虑，使组织计划严密、周到、细致，不出大的漏洞，使动员准备充分，不失时机。这样，才能保证战争动员有顺序有步骤地顺利实施。

武装力量的快速反应能力。武装力量在战争动员中居于主体和首当其冲的地位。尤其是在战争初期，武装力量的快速反应能力具有特别重要的意义。因此，军队和预备役组织，平时必须有较高的战备素质，有严密的动员准备措施，熟悉战争动员的程序和方法。这样在临战时，实施战争动员，才能迅速地按计划进行扩编补充，快速地完成动员、集中和战略展开，这是夺取战争初期的战略主动权必不可少的重要条件。从这一点看，以色列的武装力量的快速反应能力可谓是高，平时，以色列除空、海军外，陆军只有少数旅的建制满员或半满员，多数为只有空架子的预备役旅。第四次中东战争时，以方陆军共有36个旅的编制番号，其中只有7

个旅满员，5个旅半满员，其余都是预备役旅，预备役旅平时只有少数在职军人，武器装备则按编制数配齐，分别储备在14个征兵和动员区内的动员征召集结点和应急军用仓库里。战时，所有的预备役军人在接到电话电报、口头或听到广播电台的紧急动员呼号时，立即奔向征召集结地点，从应急军用仓库中领取军装、武器和其他必备物品，加入到预定建制部队中开赴前线作战。

国民经济适应战争的能力。现代战争中，国民经济的动员能力，由平时经济体制转入战时经济体制的能力，各种物力资源对战争的保障能力，是维持战争，特别是维持持久性战争的基础条件。因此，在平时，必须结合经济建设和形势的发展需要，做好必要的动员准备。这样，一旦实施动员，才能迅速地把国民经济纳入战争轨道，全力支持战争。从以色列对外公布的数据看，以色列的国防开支基本是每年都占政府预算的29%左右，这一数额在其国民生产总值加上全部外国资金的总额中占6.5%。这个百分比虽然低于美国和英国，却比与其经济处于同等水平的瑞典和新西兰这一类国防开支较高的国家还要高出2倍多。而在1973年第四次中东战争时，以色列的国防开支竟高达40多亿美元，再加上国民经济在战争中的损失，合计约达70亿美元，占当年国民生产总值的80%以上。能做到这一点，而国民经济正常运转而不垮，显示了以色列国民经济较强的适应战争的能力。

全民对战争的支持能力。全面战争的动员，是国家的总动员，也是全民的总动员，需要发挥全体居民的力量，适应战争的环境和战争的要求，支持战争的进行，这是动员能力最雄厚的源泉。在以色列，全民都有国防意识，都自觉支持政府行为，这是其快速动员的基础。我们可能都很少听说过以色列有内乱之患，这主要是人们都有"敌人就在大门口"，迫切需要团结起来共同对敌的认识。在凝聚民族意识的过程中，以色列军队也起了重要的作用。由于大多数以色列人都要服兵役，在军队中接受一定时间的教育和训练。在共同生活、共同训练的过程中，人们相互之间增进了解，并通过一批又一批复员到地方去的士兵，把军人所特有的观念普及于全体公民，将军人在军队环境中所特有的作风和气质蔓延于整个社会。尽管在西方人看来，当穿军服的以色列人走出营房后，在神态上所表现的军人气质比不上其他国家的军人，但以色列的普通公民参与军事事务的程度却要比其他国家的公民深刻得多，以色列公民形成了用自己的军事观点来看待某些事物的习惯，换句话说，以色列国防工作的广泛性在导致公民大规模军事化的同时，产生了军事社会化的效果。

争取国际支持与支援的能力。在战争动员中，由于一个国家各方面条件的限制，争取国际上的支援是必不可少的。要以自己的力量为主，同时尽可能争取友好国家的支持，尤其是物质上的支持。在第一次世界大战中，同盟国和协约国两大军事集团拼命地挖对方的墙脚，争取新盟国，借以扩大自己的战争潜力，继1914年后期土耳其加入了同盟国，日本加入了协约国之后，1915 年年初，两大集团又为争取意大利、保加利亚、罗马尼亚、希腊，展开了激烈的外交战。这些巴尔干国家是沟通欧亚的桥梁，蕴藏着丰富的战略资源，拥有大量的粮食储备，能够供给大约 150 万人的军队，谁争取到这些国家，谁就将取得优势地位。斗争的结果，意大利参加了协约国，保加利亚倒向了同盟国，罗、希两国暂时保持中立。即使是美国这样的超级大国，也十分重视国际上的道义及物质上的支持，在海湾战争中争取到了联合国的同意，在伊拉克战争中又成功地说服了英国追随其行动，且日本还向其提供了丰厚的财力支持。

【点评】动员能力属于主观范畴，不能无中生有，但动员能力的高低对国防潜力的发挥却确确实实地能起到"放大"与"缩小"的作用，挖掘战争潜力，决不能离开动员能力建设。

强制动员：征收征用

在看古代影视作品时，经常能看到当朝的军队抢粮食、抢物资的场景，可谓是闹得人民生活不得安宁、无比凄苦。实际上，在这里评说那些朝廷的军队抢粮食、抢物资，一方面说明他们的做法不得人心，另一方面也说明，战争动员所具有的强制特性，即强制性的征收征用。这种强制性的征收征用可能会因为战争的正义性而减弱，也可能会因为战争的非正义而加强，但却不会因为是何种性质的战争而消失。

什么是征收征用呢？征收征用是指为了应对战争、突发事件和紧急状态的需要，国家依法将公民和组织拥有或者使用的各类民有或者民用资源，收归国有或者收作公用的措施。

其实，征收征用活动，古已有之。我国周代《孟子·滕文公上》一书，就记载了对人力、物资和武器装备征发的有关规定："九夫为井，四井为邑，四邑为丘，丘十六井，出戎马一匹，牛三头。四庄为甸，甸六十四井也，出戎马四匹，兵车一乘，牛十二头，甲士三十二人，步卒七十三人，干戈具备。"到了汉代，开始有了对人员进行征召任用的做法。抗日战争时期，国民党政府曾颁布过《国家总动员法》和《军事征用法》，规定对船舶、车马及其他运输器材可以进行征购或征用。1940 年 7 月，中国共产党领导的陕甘宁边区人民政府，发布了《关于动员及代雇民夫牲口的规定》。在解放战争和抗美援朝战争中，征用过大批的舟船、汽车等运输工具。新中国成立后，国家先后颁发了一系列法律法规，对征收征用作出了许多明确具体的规定。如 1954 年 7 月颁布的《中华人民共和国战时汽车、拖拉机义务法（草案）》规定："所有具有卧车、载重汽车、专车、摩托车、自行车和拖拉机的国家的、合作社和私人的企业与机关以及个人，当宣布中华人民共和国武装力量的动员时，必须将上述车辆供给人民解放军。"国家还制定了《中华人民共和国战时马类、马车义务法（草案）》，1956 年 5 月颁布了《中华人民共和国运输工具和工程建筑机械动员征购条例（草案）》，该条例明确规定："国家发布动员令以后，占有运输工具和工程建筑机械的机关、团体、企业、学校、合作社以及个人，按照本条例的规定，都有将运输工具和工程建筑机械售予国家作为军用的义务。"此外，在我国《宪法》、《国防法》、《物权法》、《国防交通条例》和《民用运力国防动员条例》等法律法规中，都有征收征用的有关法律条文。于 2010 年 7 月 1 日起生效的《中华人民共和国国防动员法》，其第十章"民用资源征用与补偿"、第十二章"特别措施"、第十三章"法律责任"都对征收征用作了规定。

在国外，对征收征用行为作出较早法律规范的是法国。1793 年 8 月 23 日，法国资产阶级国民公会审议通过的《全国总动员令》中，出现了征用骑马补充军队，征用挽马拖拉大炮和军粮的有关规定。1877 年，法国还制定了专门的《征用法》，确定了在战时进行征用的措施、偿付的办法和部队长官的职权等。第一次世界大战爆发后，英国于 1914 年颁布了《国防法》，美国于 1916 年颁布了《国防法》和《海运法》，德国于 1916 年颁布了《国家辅助劳务法》等战时动员法规，在这些法规中都涉及了对征用的具体规定。到了第二次世界大战时，美国颁布的《克拉克法案》中，就有关于征用的《战时财产征用法案》。法国颁布了《法国总动员法》，以及与之配套的《法国物力动员法令》，对物力征用作了详细的规定。英国颁布的《紧急全权国防法案》，对征用也作了有关授权。1982年英阿马岛战争后，许多军事强国普遍加强了征收征用立法工作。德国根据马岛海战的经验，提出了平战结合、军商结合的方针，制定了民船在设计建造中应根据战争需要在短时间之内便可改装的有关规定。罗马尼亚1997年修订颁布的《物品与劳务因公征用法》，规定该法适用于"战争状态"和"预防、制止、排除某些灾害"等，从而把征收征用的目的和范围拓展到了非军事领域，使征收征用逐步成为国家应对战争、突发事件和紧急状态的重要手段。

征收征用的内容，是不断调整变化的。在冷兵器时代，由于社会生产力水平十分低下，战争胜负主要取决于士兵的体能，因而对粮草和被服的征收征用，是这个时期征收征用的主要内容。到了火器时代，征收征用的内容和范围一般仅限于马匹、畜力车、舟船等。第一次世界大战时，由于工业化的加快推进，征收征用的内容和范围不断扩大。以运力为例，当时运力征用的范围已经扩展到包括轮船、汽车等机械化装备。到第二次世界大战时，又进一步扩展到飞机等现代化交通运输工具。

1982年英阿马岛战争爆发后，战争逐渐向高技术局部战争过渡。据有关统计，高技术局部战争所需的枪械、火炮、坦克、飞机、舰船、导弹、通信器材、弹药、油料、粮秣等现代化武器装备和军需物资的种类多达 400 万种，使得征收征用的内容和范围扩大到经济社会的方方面面。1991 年海湾战争后，信息化战争又初露端倪。在全部武器装备中，信息化武器装备的比重不断提高，征收征用的内容和范围，也随之由机械化战争时代的机械化武器装备和军需物资，进一步扩大到了包括民用卫星、无线电频谱资源等信息资源领域。可见随着社会生产力的进步与发展，以及战争形态的演变，征收征用的内容和范围也不断发生着新的调整和变化。但总体说来，主要有以下三大类：

可直接供国防动员需求方使用的军民通用设施、设备、产品和物资等。这类设施、设备、产品和物资具有军民通用的特点，经过征收征用后可以直接用于国家应对战争、突发事件和紧急状态的需要。如粮食、各种油料、电信设施、频谱资源等。

可间接供国防动员需求方使用的设施、设备、产品和物资等。这类设施、设备、产品和物资在总体上也具有军民通用的一般特点，但在移交给国防动员需求方使用之前，必须经过适当的加装改造，才能用于应对战争、突发事件和紧急状态应急需要。如民用飞机、船舶、载重汽车等产品。

不能供国防动员需求方直接使用而只能给国防动员供给方利用的设施、设备、产品和物资等。主要包括军品科研生产、维修保障所需的生产设施、生产设备、生产工具，以及技术、专利、科技成果等其他生产要素。这类资源基本上不具有军民通用的特点，征收征用这类设施、设备、产品和物资，主要是为了使国家的经济社会资源从其他正常的生产生活用途，转移到军品科研生产、维修保障上来。如成建制地征收征用化肥厂、机械工厂、面粉厂等，或者部分征收征用机床、生产线一类的设施设备，以及钢铁、煤炭等生产原材料。

> **【点评】** 征收征用是实现国家平战转换的强制性措施，对于达成快速动员，保障国家迅速应对战争、突发事件和紧急状态具有十分重要的作用。

征兵制：合法的"抓壮丁"

物资有强制性征收征用，也不只是说服教育，也带有强制性。过去经常说的国民党"抓壮丁"，实际上就是对人力的强制动员。

这种强制性动员，古时称作征兵制，现在则称之为义务兵役制。征兵制是指国家依靠行政手段强行征集国民补充军队的制度。近现代，为有效地征集兵员，许多国家在宪法或其他法律中规定，服兵役为公民应尽的义务，故又称义务兵役制，因此，对于当时的国民党军队抓"壮丁"这个事件来说，有些人会"深恶痛绝"，但其却是"合法"的。

征兵制在中国源远流长。据甲骨、金文及其他古籍记载，夏、商、西周，当兵是"众"或"国人"（即奴隶主贵族和平民）的基本权利与义务，可视为征兵制的最初形态。西周规定，"国人"男子20岁始服兵役和参加军事训练，30岁授兵器充当正卒，60岁退兵器免戍（《诗·邶风·击鼓》孔颖达疏引《韩诗》）。为正卒者"毋过家一人，以其余为羡"（《周礼·地官·小司徒》），即每家征1人服现役，余丁皆服预备役。春秋中后期，各国相继改革田制和军制，打破奴隶不准当兵的限制，把兵役扩大到所有男丁。战国时期，各诸侯国普遍实行郡县征兵制，按郡、县、乡、里等行政体系征集境内丁壮为兵。15～17岁起役，60或65岁而免。如秦国规定，凡17岁的男子必须向官府登记，申报姓名、年龄、健康状况等，称为"傅"。傅籍后，随时应征，至60岁免役。

秦朝建立统一的专制主义中央集权国家以后，在全国普遍推行郡县征兵制。汉承秦制，凡"编户齐民"的壮丁，都有服兵役的义务。17或20岁起役，60岁乃止，有爵位者提前到56岁止役。到达起役年龄，必须"傅籍"，准备应征；到达止役年龄，必须自行申报，经核准后生效。在役期内，从20或23岁起服兵役两年，一年在本郡国充当材官（步兵）或轻车（车兵）、骑士（骑兵）、楼船（水军），接受军事训练，执行治安和作战任务，称为"正卒"（《汉旧仪注》）。期满并经考查合格后，再调赴首都或边疆继续服役一年，赴首都的称"卫士"，到边疆的称"戍卒"。服现役期满后转为后备兵，直到止役之前都有义务应征参战。此外，秦汉还有各种免役的法令，拥有政治特权的皇戚、贵族、功臣、官宦及其子孙因此而享受着终身和世代免役的优待。

隋及唐前期实行过征兵制，府兵主要由选征而来。征集对象，唐初规定，内府即"三卫"、"五府"之兵，从二品至五品官家子孙中征集，非高官子弟不得跻身此列（陈傅良《历代兵制》卷六）。外府即设于诸道折冲府之兵，"皆取六品以下子孙及白丁（无爵人家）无职役者点充"（《唐六典·兵部》）。年龄一般在20岁或25岁以上，56岁或60岁以下，每3年或6年点选一次，"财均者取强，力均者取富，财力又均，先取多丁"（《唐律疏议·擅兴》）。为兵者依均田令授田，免租庸调，并可立功得爵入官。凡出征作战或番上宿卫，须自备一定武器、资粮。唐中期均田制破坏后，府兵制度衰败，征兵制被募兵制取代。

"中华民国"时期，1933年6月，国民党政府颁布《兵役法》，第一条就规定，"中华民国男子皆有服兵役之义务。"当时，抗日战争尚未全面爆发，但日本帝国主义正在做全面侵华战争的准备，此法显然是针对即将爆发的大战而做的兵员动员准备。应该说，国民党政府的这一做法是完全正确的。历史的经验证明，平时实行募兵制，战时实行征兵制，是平时少养兵，战时多出兵的好方法。当然，平时就实行征兵制的好处也很多，比较明显的是增加兵员储备，特别是在遇到战争危险之时征兵制可以满足大规模扩军的需要。

在中日全面战争已经不可避免的情况下，国民党政府实行征兵制是进行战争准备的重要举措。按照国民党政府的兵役法规定，所谓"壮丁"系指18岁至45岁身体健康的男子，而这些"壮丁"根据需要是必须服兵役的。不然的话则属于"妨害兵役"，而"妨害兵役之治罪"是另有"法律定之"的。国民党颁布的这部兵役法还规定，"壮丁"所服兵役除现役之外，还包括预备役、国民兵役和后备军人三种。预备役专指退出现役者；国民兵役按公民接受训练时间的长短分初期、甲、乙三种；后备军人指因故退出现役或未服现役的常备和预备役军官、士官。这三部分人构成国民党军队的后备力量。从有关资料上看，这部《兵役法》虽然颁布了，但并未马上施行。直到1936年，当中日之间爆发全面战争的形势已日趋明显，外患日重，国难当头之时，国民党政府才加紧在全国范围内推行征兵制度。在已颁布的《兵役法》的基础之上，国民党军政部又颁布了《兵役法施行条例》、《兵役及役龄男子调查规则》和《陆军征募事务暂行规则》及其他各项兵役法规。至此，以义务服兵役为特点的征兵制才在全国实行开来。从1936年7月1日至12月国民党政府按征兵制的方法，共征集了5万多"壮丁"服役，为抗日战争进行了应急的兵员动员准备。

事实上在一定时期，国民党军队是不用"抓壮丁"的。

有资料表明，当蒋介石发出征兵令之时，社会各界纷纷响应，尤其是热血青年更是十分踊跃。现在的北大校院西门口还立着一块石碑，上面铭刻着200多位当时投笔从戎的学生名字。但是，到了后来，由于蒋介石推行的是"攘外必先安内"的政策，不仅要打日本鬼子，还要打主张抗日的"共军"，这就违背了全国人民要求"一致对外，共同抗日"的意愿。因此，有相当数量的"壮丁"不愿打内战，没办法，蒋介石政府才开始"抓壮丁"。特别是抗日战争结束，蒋介石集中力量打"共军"的时候，这个"壮丁"就非"抓"不可了。1946年6月，国民党政府修订并重新颁布了《兵役法》，规定实行征兵制，凡年满20岁的男子，经征兵检查合格征集入伍，为期2年，"步兵之军士及特种兵、特业兵为期3年"。但是，由于战争扩大，伤亡与被俘官兵增多，正常的征兵已无法弥补战场的损失，于是国民党政府在1948年2月颁发了"国军收复地区兵员征集暂行办法"，规定凡年满20～35岁的壮丁，一律征集入伍，并授予前线高级长官以征兵的便利处置之权。这样，国民党军队所到之处，凡身强力壮的男子，不分年龄大小，一律抓走，一时间"抓壮丁"之风席卷国民党统治区。

征兵制在世界其他国家出现也很早。古希腊、古罗马等早期奴隶制国家的军队，就是根据财产状况、阶级成分以及种族等因素，有选择地征集有兵役义务的公民组建的。"当初，每一个自由的土地占有者都有服兵役的义务，并且，不但要负责自己的装备，而且还要在 6 个月之内，自己维持军中的生活。"古希腊规定，每个年满 18～25 岁自由民出身的男子，必须服兵役 2 年，完成军事训练，担负边防勤务。此后至 60 岁，都有义务应征从役，而且军人不领取任何薪饷。古罗马规定，凡 17～50 岁的公民都有服兵役义务。近现代意义的征兵制，始于法国大革命时期，称为普遍征兵制或义务兵役制。

以色列实行普遍征兵制，其动员方针是全国皆兵。男子服兵役两年半，妇女两年。除对妇女规定了一些免役条件外，所有男子除身体残缺者外都必须无条件地服兵役。应征年龄是 18 岁至 49 岁，而且，如果他们的年龄在后备役义务所规定的限度之内，还必须服一定时期的后备役。后备役义务适用于应征期满以后直到 49 岁以下的男子和 34 岁以下的妇女，每年的服役时间是 43 天，后备役军官的服役天数则更多。所有的后备役军人都按地区归属于各个后备役旅，所有的后备役旅都被统一地编组起来。按照这样一个编组，如果对受过训练的后备役军人进行总动员的话，可以在 200 万犹太人口中征集 25 万人。现役军队的名额是根据应征士兵的人数以及当时的国防需要决定的，每年的征兵额在 4 万至 5 万之间。有人说征兵制是以色列快速动员的保证，其之所以能在与阿拉伯世界的长期作战中立于不败之地，其实行的"普遍征兵制"是个法宝。

【点评】征兵制是指国家依靠行政手段强行征集国民补充军队的制度，体现着国家的意志，对于国家的安全和发展具有重要意义。

秘密动员：达成战争突然性

人们知道，为达成战役战斗的突然性，交战双方都会尽力隐蔽其作战企图，有时还要大使障眼法，以蒙蔽对方。对于战争动员来说，为达成战争突然性，特别是主动发动战争一方，通常都采取秘密动员，一旦时机成熟就大举进攻，攻对方于不备之中。

那么，什么是秘密动员呢？秘密动员，是为了避免暴露战略企图，在各种伪装措施掩护下隐蔽实施的动员。实施秘密动员时，在不影响动员工作按计划进行的情况下，要尽可能缩小知情范围，保守秘密；要充分运用政治、外交、军事上的伪装手段（如以演习、调防、检阅为名进行武装力量动员等），掩盖企图。秘密动员的目的是为了达成战争的突然性，取得战略主动权和先机之利，收到出敌不意、攻敌不备的效果。当然，秘密动员与公开动员并不是绝对的。公开动员仅指公开发布动员令，并不公开所有动员项目及具体措施、计划。即使是在公开动员的情况下，动员的具体措施和计划，大多仍处于保密状态。同样，秘密动员中也有公开的方面。如抗美援朝开始前，我国政府在秘密动员的同时，曾公开发表声明，表示对"联合国军"的侵略行径决不会坐视不管。在战争临近或战争爆发后，秘密动员由于保密已经失去意义而转为公开动员；公开动员也有可能随着形势的发展变化而转为秘密动员。

第二次世界大战前，德国进行秘密动员，成功地隐蔽战略企图，在战争爆发后，接连打败了数个动员准备不足的国家。德国有两个有关武装力量动员的计划，一个是"A计划"，一个是"X计划"。"A计划"是平时扩充军队的计划，"X计划"是战时秘密进行动员扩军的计划。德军在第二次世界大战时，基本上就是按照这两个计划进行武装力量的动员扩编，并使其武装力量迅速膨胀起来的。"A计划"制定于1926年，该计划的制定，标志着德国武装力量动员扩充工作的正式开始。根据此计划，在进入临战动员之前，德军作战师的数量就扩大了两倍，由动员前的7个师增加到21个师。这一计划到1934年夏便基本完成。1935年，德国颁布实行了普遍义务兵役法，这使德军的兵员补充有了可靠的保证，因此，仅仅用了一年的时间，即到1936年的秋天，德军陆军已发展为41个师。

1937年，德国制定了《1939年至1940年动员计划》，其主要内容就有在不公开宣战的情况下进行总动员或局部动员这一条，这就是我们所说的"X"计划。德军从1937年制定《1939年至1940年动员计划》，到对波兰实施入侵这两年左右的时间里，都是在秘密的情况下进行战时部队的动员和扩充的。这一点正好符合德国的"闪击战"思想。当时的德国陆军参谋长布洛姆堡在1937年6月24日颁发的训令中，对动员扩充部队提出了两点要求之一就是，继续做好不公开宣布动员情况下的动员工作，以便德军做好准备，能在需要的时机发动任何规模的战争。在秘密地进行动员这一总的方针规定下，德军广泛利用局部战争和任何有限的军事行动逐步地、秘密进行动员扩军。1938年3月根据"奥托"计划（合并奥地利），德军进行了第一次局部动员，完成了第7和第13军区所属部队的动员。1938年秋，德军实施"绿色"计划，利用并吞苏台德区的军事行动，进行了第二次局部动员。两次行动中都以征集预备役兵员参加"集训和演习"为名，为军队动员补充了大量兵员，秘密组建了18个战时编制的新师和5个军部，使不少兵团的编制接近战时编制。例如，把31个两营制的团编成了三营制，步兵师增加了炮兵和其他专业兵部队和分队。这样做，在相当大的程度上保证了军队在战争之前秘密地转入战时状态。其中快速部队的组建工作，在1938年就已基本完成，待德国决定入侵波兰宣布进行总动员时，只需将其补充到战时编制就可以了。而在坦克师的编成中，只需编入后勤分队就可达到齐装满员的程度。

在军队动员已经全部完成之后，德国仍然尽量推迟公开宣布动员的日期，直至发动对波兰入侵的前一天，才公开宣布动员。显然，这时的动员令对于德军来说实际上就是发动进攻的命令。正是在其极其秘密的组织动员的条件下，德国才达成了"闪击波兰"的突然性。

当然，秘密动员并不是说都是为了侵略，为应对侵略，防御一方通常也会秘密动员以应对不测。1950年，中国出兵抗美援朝以前及其以后的数月之中，采取"只做不说"的办法，进行秘密动员，成功地隐蔽了战略企图。当中国人民志愿军入朝与"联合国军"作战时，"联合国军"还蒙在鼓里，创造了秘密动员的成功范例。朝鲜与我国仅一江之隔，是唇齿相依、情同手足的亲密邻邦。如果朝鲜被敌人侵占，我国将处于唇亡齿寒的境地，我国主要工业基地将直接处于侵略威胁之下，我国就不能安安稳稳地从事经济恢复计划。更为严重的是，"美国的空军，愈来愈频繁地向我国边境袭击……赤裸裸地暴露了美国将侵略战争引向中国的罪恶阴谋。"由朝鲜人民军所缴获的所谓"韩美同盟条约"的草案，其中第七条写着："战争一定要在满洲领土上继续进行。""大韩民国总统除了复兴大韩民国主要利益所在的北朝鲜以外，保证将满洲和中国东部其他部分的天然资源的发展移交美国和韩国联合管理。"当美国侵略军进达鸭绿江边时，美国的好战分子们更是发出荒谬绝伦的狂言："在历史上，鸭绿江并不是把（中朝）两国截然划分的不可逾越的障碍。"在受到此种威胁的情况下，中国政府迫不得已开始进行秘密动员，1950 年 7 月 13 日组建东北边防军，同年 8 月下旬将第 9 兵团、第 19 兵团分别调至津浦、陇海两铁路线，以策应东北边防军。

1950 年 9 月 15 日，"联合国军"总司令麦克阿瑟直接指挥美第 10 军约 4 万多人，在仁川实施登陆后，相继占领了元山、平壤，并向朝中边境疯狂冒进。即使在我志愿军已经进入到朝鲜战场，美军仍认为"中国人仅仅想为北朝鲜陆军土崩瓦解的残余部队争取时间"，从 1950 年 10 月 25 日我志愿军第 40 军第 118 师与敌伪第 6 师一部发生遭遇揭开了抗美援朝战争的序幕开始，到第一次战役至 11 月 5 日结束，共歼敌 15000 余人，将敌赶到清川江以南，取得了入朝作战的初战胜利，从而开始稳定了朝鲜战局，这一战役的胜利是与我国秘密动员的成效分不开的。

【点评】秘密动员对于达成战争突然性具有重要意义，但在信息化条件下，随着侦察监视能力的提高，要想通过秘密动员达成战争突然性，愈发显得困难了。

动员时机：通往战争主动权的密钥

有专家学者指出，"第二次世界大战"时期德国之所以能迅速击败多国，并占据战争主动地位，不仅仅在于"闪击战"，而且还与其对手的动员时机把握有重大关系，并指出如果当时波兰、法国、苏联等国能够把握住动员时机，则有可能避免初战的惨败。

动员时机为什么如此重要，竟有可能改变战争的面貌？动员时机，是指由平时转入战时轨道，实行战时体制的时机。动员时机正确与否，直接影响战争的战略主动权以及战争的进程，影响到国家将战争潜力转化为战争实力的效能。如第二次世界大战初期，波兰、法国由于判断失误而未及时实行战时动员体制，国家缺乏足够的抵抗能力，很快遭到失败。恰当地把握动员时机，是实施战争动员的一个重大问题。动员过迟，招致战时困难的局面和军事上的失利，损害了国家的安全。动员过早，国家经济受损失，甚至被敌利用作为发动大规模侵略战争的借口，使国家外交上孤立，政治上陷入被动。选择最佳时机进行动员，对整个战争的过程、战争的胜负都会产生重大影响。

第一次世界大战之后，世界上的许多国家都认为第一次世界大战肯定不是最后一次世界大战，必须做好打赢下一次世界大战的准备。因此，在第一次世界大战结束至第二次世界大战爆发这段时间里，关于如何做好国家战争准备的理论发展较快。一些国家根据第一次世界大战后，社会生产力的巨大提高和科学技术的蓬勃发展，以及随之而来的武器装备的飞速进步的情况，在对世界经济、政治和军事因素进行综合的分析之后得出下述结论：未来战争将是一场总体战，准备发动战争或被迫参加战争的国家为了达到自己的政治目的，将要利用全部经济潜力，将要向战场上派出人数众多、装备技术兵器的军队，只有全力发挥本国所有的物质和精神力量，才能在这种战争中获胜。德国、日本都持有这种观点。在"总体战"理论的影响下，各国在战争动员问题上产生了两种不同的看法，一部分拥有巨大的军事、经济潜力的国家认为，在战争初期以阵地战粉碎敌人的进攻计划，在战争过程中，最好在战争最后阶段，在出现了实施决定性突击的有利条件时，再进行国家全部力量的总动员；而另一部分军事经济潜力较小的国家，则提出速战速决，在对手的战争潜力尚未得到充分发挥之时，就打败他们。

苏联作为一个拥有巨大的经济、军事潜力的国家，也主张在战争末期或进行过程中进行总动员。苏联军方根据第一次世界大战的经验推测，在未来苏德战争时，像苏联和德国这样的大国之间发生战争，仍将上演先在边境交战 15 ~ 20 个昼夜，尔后双方主力进入交战的一幕。由边境交战到双方主力进行交战中间这 15 ~ 20 天的时间便是他们认为的所谓最佳动员阶段。苏军完全可以利用这一"最佳动员阶段"，迅速动员现有部队，组扩建新部队，并使所有机构和人员及装备进入战争状态。在这种思想指导下，加上战略情报判断上的失误，致使苏军在德军已经大举入侵之时，尚没有做好战争准备。集中了优势兵力兵器的德军，采取突然袭击的方式，以首次强大突击行动歼灭苏军第一战略梯队，而后向腹地迅猛进攻。从 1941 年 6 月 22 日到 7 月 9 日，仅仅 18 天的时间，德军便占领了拉脱维亚、立陶宛、白俄罗斯和乌克兰等广大地区，深入苏联腹地 300～600 公里。仅在战争的第一天，苏联就损失飞机 1200 架。这时的苏联部队一片混乱，有的来不及展开，便被全歼，有的孤立无援，有的在开进中遭到袭击，有的部队且战且退，有的被包围被歼被俘。战争初期，德军三个突击集群，从三个方向上向苏联境内平均推进 1000 多公里，苏军共损失约 380 万人。而 1941 年时，苏联陆海空三军总共只有 420 万人，也就是说，苏军主力还没有被完全动员起来，就基本上被消灭了，更别说开展总动员了，初战不利，使得苏联完全陷入战略被动局面。失败的根源在哪，动员时机没有把握好！

人们都知道以色列能够在与阿拉伯世界的战争中立于不败之地，靠的就是其超强的动员能力，但殊不知，以色列也有动员时机把握不准的时候。第四次中东战争，以色列对埃及准备战争的迹象判断失误，直到战争爆发当天的中午还未发布动员令，造成战争初期极其被动。以色列的军事情报部（Aman）是以色列全国的情报判断中心，军事情报部对战争爆发的可能性估计方法建立在几个假设上。首先，他们假设叙利亚不会与以色列开战，除非埃及也一起参战。其次，他们在埃及军方里有一名位阶极高的间谍（这名间谍的身份直到今天依然是机密，只被称为"消息来源"），从这名间谍那里，他们得知埃及希望夺回整个西奈半岛，同时埃及在取得苏联支持的轰炸机以瘫痪以色列空军和"飞毛腿"飞弹以威胁以色列城市之前将不会发动战争。由于苏联还未提供轰炸机，而"飞毛腿"飞弹也才刚于8月运达埃及，要花费4个月进行训练，因此军事情报部认定战争将不会在短期内爆发。由于这些带有偏见的错误假设，导致他们忽略了其他显示战争逼近的情报。

同时，埃及军队刻意进行的战略欺骗也是造成以色列判断失误的重要原因，如故意驱逐苏联军事顾问，制造像缺乏足够的专业人员操作先进武器、装备缺乏备用零件等各种假情报和信息等。时任埃及总统萨达特多次故意扬言发动战争，但都没有付诸一丝行动，直到其他国家开始减低对于战争爆发的危机意识。这些动作使得以色列和美国都以为埃及还没有到发动战争的时候。在1973年的5月和8月，埃及军队两次在边界动员的演习，使以色列军方为了提升警戒状态而额外花费了1千万元。在赎罪日的前一个礼拜，埃及军指定将在苏伊士运河进行为期1个礼拜的训练演习。以色列军事情报部侦测到埃及军在运河周边有大规模集结行动，却判定是埃及军的另一次演习。同时叙利亚军队在边界也开始大规模集结，然而军事情报部却认为这也不构成威胁——因为依据他们的假设，叙利亚只有在埃及也加入的情况下才会参战，而埃及只有在苏联武器到达的情况下才会开战。绝佳的动员时机就这样在以色列人的假设和埃及军队的演戏中白白溜走了，以至于在战争初期，以色列损失惨重，4个现役旅遭到了毁灭性打击。

【点评】动员时机的把握，依赖于对可能爆发战争时间的预测和判断，尽管战争爆发具有突然性，但随着现代侦察手段、预警手段的广泛应用，为预测爆发战争时间创造了有利条件，从而为确定恰当的实施动员时机创造了前提。

工厂大挪移：战时工厂搬迁

人们都知道，1941 年 7 ~ 11 月，为了减少德国军队对苏联突然袭击造成的经济损失，保存工业潜力，苏联从西部向东部搬迁了 1523 个工业企业，其中大型企业 1360 个，其规模之大可谓空前绝后。

战时搬迁是战争时期或临战时，把工业企业从易遭敌方袭击破坏的地区搬到较为安全地区的活动，是战争时期疏散和保护工业生产能力的一项重要措施。战时工厂搬迁是随着大工业和现代化战争的发展而出现的。自从工业革命发生以后，欧美经济发达国家的大工业不断发展，在战争中发挥着重要支撑作用。因此，作战双方不但日益重视工业生产动员，而且重视攻击对方的工业目标。在这种情况下，工业防护问题越来越重要。战时工厂搬迁主要发生在大规模战争时期，最典型的就是开头提及的第二次世界大战初期的苏联的工厂大挪移。

截止到1941年11月，在德军占领的苏联西部地区，战前曾居住着占苏联全国40%的人口，煤炭产量是全国总产量的63%，铁和钢的产量分别占全国总产量的68%和58%，相对于苏联庞大的国土，西部工业可谓密集。在第一次世界大战时，当时的俄国就曾在遭受德国的进攻之后，组织过西部工业和人员的东迁。应该说，第二次世界大战之前的苏联人并没有忘记这个教训，斯大林和他的领导班子出于对未来战争的考虑，也始终关注着西部工业过于密集，战时工业潜力容易遭到破坏的问题，意识到如此巨大的战争潜力一旦失去，对于苏联来说无疑是致命的，并指示作出了东迁的计划。但直到苏德战争爆发，其主要工业仍集中在西部地区。战时工厂搬迁能够有效地保护国家工业生产潜能，但做好工厂搬迁还应注意以下问题：

注重平时工业建设布局。平时工业建设布局对于战时工厂搬迁有巨大影响，布局合理就可以减少战时搬迁的数量和难度，因此平时布局既要考虑到平时经济发展的需要，又要考虑到战时的影响，做好防护和疏散准备。俄国和苏联时期，将其工业大部分集中于西部地区，就只是考虑到了其经济发展的需要，而对战争威胁考虑不周。以至于在战争初期必须进行大规模搬迁，势必影响到作战相关物资的生产。如苏联仅在迁移的过程中，单从弹药生产一项来看，就有 303 个工厂被迫停产，每月少生产前膛炮弹体 840 万颗，迫击炮弹体 270 万颗，航弹体 200 万颗，手榴弹 250 万枚，炸药 16.1 万吨。在这一时期，苏联的工业总产值减少了 52%。钢产量到 1941 年 12 月比同年 6 月减少了 68%。有色金属的产量比同期减少了 99.77%，轴承减少了 95%。同时，浪费了大量的人力、物力和运力，分散了苏联在战争初期抗击德国入侵的力量，扰乱了苏联的国民经济转入战时轨道的步调，还因为搬迁曾一度使苏联的军工生产在 3~4 个月的时间里几乎陷于停滞，使苏军在原有的储备物资已经大部分用光的情况下，得不到及时的物资补充，武器弹药出现了青黄不接的局面，因而无法组织有效的大规模反击作战行动。

制订搬迁计划。工厂搬迁是一项非常复杂的行动，为保证有组织、有秩序地实施，必须制订搬迁计划，对搬迁对象、运输保障、搬迁地点、恢复生产等做出合理周密的安排。德军是 1941 年 6 月 22 日入侵苏联的，6 月 24 日，苏联中央政治局就讨论通过了苏联人民委员会关于从前线地区向后方搬迁工业企业和在东部地区恢复和重建这些企业的建议。战争爆发一个星期之后，苏联就制订出了《1941 年第三季度国民经济计划》，以取代在战前制订的同期国民经济发展计划，改组苏联国民经济，以把民用经济转到军事经济的轨道上来。两个月之后，即 1941 年 8 月 16 日，苏联政府批准了根据斯大林的指示制定的 1941 年第四季度与 1942 年在伏尔加河流域、乌拉尔、西伯利亚、哈萨克斯坦与中亚细亚地区建立军事经济的计划。在这个计划中，苏联政府对战时经济生产特别是军工生产作出了全面的规划，提出了在东部地区新建扩建一批生产飞机发动机和飞机以及生产装甲钢板、中型与重型坦克以及火炮牵引车的生产基地，大量增产煤炭、石油、航空汽油、汽车汽油、生铁、钢材、铜材、发烟硫酸等战略物资，使东部地区成为可靠的战略后方，以满足卫国战争对各种物资的需求。也正是在这个计划中，作出了将西部地区的上千个制造机器和生产武器、弹药的工业企业搬迁到东部地区去，并在东部地区重建这些工业企业的决定。在这些计划的指导下，一场规模空前的、保护工业生产潜力的工厂大挪移就开始了。

统一组织实施。战时工厂搬迁不同于平时的工业布局调整，是在战争威胁情况下实施的，时间紧，任务重，必须统一领导，快速实施，否则就会受到巨大损失，影响工厂成功疏散。在进行工厂大挪移时，苏联非常重视统一组织实施，在疏散委员会、疏散局、疏散办公室以及苏联交通疏散运输处的统一领导下，克服了初期东迁工作的忙乱现象，逐渐进入有序的状态。特别是军工企业的搬迁工作最为顺利，在苏联武器装备人民委员乌斯季洛夫的领导下，只用了很短时间，就将主要的军工企业搬到了东部，并在东部地区重新建起了新的军工厂，大大缩短了计划向前线供应武器弹药的时间。

【点评】现代战争，更多的是以首先通过远程轰炸或空袭破坏对手的战争潜力为主要内容，同时由于具有远距离、大威力、高精度攻击能力的武器装备的使用，战争已经没有前方与后方之分，对后方重要工业企业和其他经济目标的精确打击已经变为现实，工业生产能力保护受到愈来愈严重的挑战。

第三章　战争大动脉——国防交通建设

国防铁路交通：投送能力最强

　　铁路运输具有运量大、运距远、速度快、成本低、受天候影响小等特点，如一条双线铁路的运力为单向客流 2000 万人次，货物 5000 万吨以上，是投送能力最强的交通手段。

　　希腊是第一个拥有路轨运输的国家，至少在两千年前已有马拉的车沿着轨道运行。1804 年，理查·特尔维域克在英国威尔士发明了第一台能在铁轨上前进的蒸汽机车，但没赚到什么钱。第一台取得成功的蒸汽机车是乔治·史蒂芬孙在 1829 年建造的 "火箭号"。19 世纪 20 年代，英格兰的史托顿与达灵顿铁路成为第一条成功的蒸汽火车铁路。后来的利物浦与曼彻斯特铁路更显示了铁路的巨大发展潜力。很快铁路便在英国和世界各地通行起来，且成为世界交通的领导者。近一个世纪，直至飞机和汽车发明才减低了铁路的重要性。高架电缆在 1888 年发明后，首条使用高架电缆的电气化铁路在 1892 年启用。第二次世界大战后，以柴油和电力驱动的列车逐渐取代蒸汽推动的列车。从 20 世纪 60 年代起，多个国家均建置高速铁路。而货运铁路亦连接至港口，并与船运合作，以货柜运送大量货物以大大减低成本。现时在全球 236 个国家和地区之中，有 144 个设有铁路运输（包括全世界最小的国家梵蒂冈在内），其中约有 90 个国家提供客运铁路服务。铁路依然是世界上载客量最高的交通工具，拥有无法被取代的地位。中国第一条铁路建于上海，由英国人兴建，后被清朝地方官员买回并拆毁。而正式使用的第一条铁路和蒸汽机车则是由李鸿章兴办的开滦公司煤矿所建。发展至今天，全世界 117 个国家和地区拥有铁路约 120 余万公里，美国铁路里程 230668 公里，中国 86000 公里（"十一五"末将超过 9 万公里且我国高速铁路里程达 3300 多公里，居世界第一位。），俄罗斯 86000 公里，印度 63028 公里，加拿大 49831 公里，阿根廷 34059 公里，德国 37477 公里，法国 31423 公里，墨西哥 26613 公里，南非 25555 公里，波兰 22891 公里，乌克兰 21972 公里，巴西 20904 公里，日本 20160 公里，英国 17058 公里。美国铁路营业里程居世界第一位，现有本国铁路 260423 公里，另外还有美国拥有使用权、非本国在国内修建的铁路 23112 公里。其铁路主要承担货物运输，客运只占其铁路运输的极小部分，约为 1%。

　　铁路不仅是平时的重要交通运输手段，也是重要的国防交通手段，在战争中作用巨大，战争中的双方围绕铁路展开

铁路网

的拼杀无疑揭示了铁路在战时的巨大作用，我们所熟悉的，如抗日战争时期，八路军晋察冀军区部队一部在日军侵占的平汉铁路北段沿线及附近发起的平汉铁路破击战，破坏铁路180余公里，击毁铁甲车1列、机车3台，使铁路交通几度中断，还有朝鲜战场上我志愿军构筑的炸不断、打不烂的钢铁运输线等。国防铁路交通，主要依靠铁路企业的交通设施，由军队与铁道运输部门按制定的章程或签订的协议共同组织管理。有些国家的军队，购置一定的铁路自备车辆参与运输。战争或其他非常时期，必要时成立统一的运输管理机构，实行铁路运输军事管理，是战略、战役后方实施军事运输的主要手段。1825 年铁路问世后，不久即被用于军事运输。1846 年，普鲁士军队利用铁路将 1.2 万人及火炮、马匹等运往克拉科夫，是使用铁路实施大规模运兵的最早实例。19 世纪下半叶，在美国内战及普法战争、俄土战争中，铁路运输对部队行动都产生了重要影响。第一、第二次世界大战中，交战国军队在很大程度上是依靠铁路运输实施机动和补给的。1914 年，德军在西线利用 13 条铁路 10 天内将 160 万军队输送到西部边境，迅速完成部队展开。苏德战争期间，苏军利用铁路开行 44 万个军用列车，使用 1900 万余节铁路车辆，输送数百万军队和上亿吨军用物资。第二次世界大战后，一些发展中国家的军队随着本国铁路的兴建，越来越多地使用铁路实施军事运输。在中国，1881 年，清朝海军利用唐山—胥各庄铁路（今京沈铁路一段）运煤，是中国铁路军事运输的开始。1946 年，中国人民解放军开始接管并使用铁路进行军事运输，在解放战争中有力地支援了辽沈、平津、淮海、渡江等战役。仅辽沈战役期间，在 38 天内就利用铁路开行 631 个军用列车，运送了大批部队和物资。抗美援朝作战中，中国人民志愿军利用铁路运入朝鲜的部队和物资达18 万余车。社会主义革命和建设时期，铁路军事运输有较大发展，对保障部队建设、作战、演习和训练起了重大作用。

铁路军事运输，实行统一计划、分级管理、集中调度指挥。中国的铁路运输，纳入国家铁路运输计划，由各级军事交通部门与铁道部门负责组织，按照先急后缓、先计划内后计划外、先重点后一般的原则安排。美军的铁路运输采取招标承运的办法按协议组织，在本土由陆军军事交通管理司令部与美国铁路运输协会负责，在海外战区由战区联合运输委员会负责。铁路军事运输有很强的时间性，涉及部门多，在装载、运行、卸载中，强调部门间的协同配合及各环节的衔接。运行中应按列车运行图组织运行。军运量大时，单独编成一个或多个军用列车运行；零批运输则将军用车辆编挂在铁路列车中随行。中国人民解放军的铁路运输，军用列车和挂有军用车辆的铁路列车，由军事交通部门和铁路调度部门共同指挥，按选定的运行图或铁路既有列车运行图组织运行。铁路军事运输根据任务性质和运输对象不同，通常按等级进行组织。遇作战、抢险救灾、国防尖端保密物资运输及其他重要、紧急运输，按特殊运输掌管，有的按特殊规定专项组织，必要时采取非常措施予以保障。一般危险品、枪械、精密设备等运输，按重点运输掌管。其他则按一般运输掌管。铁路军事运输应符合物资流向，尽量组织直达运输或与其他运输方式间的联运、接运。为提高运输效率，平时常采取扩大军用列车编组、提高装载系数和增加牵引重量等方法；战时可采取抢装、抢卸，组织单向、迂回、合并列车等运行方法。

【点评】 新形势下的军队建设，越来越注重缩小规模和全域机动，应对突然爆发的局部战争，铁路仍是军事战略、战役投送的重要手段。

国防航空交通：投送速度最快

众所周知，航空交通在各种交通方式中是运输速度最快的，其时速为1000公里左右，且距离越长，所能节省的时间越多，快速的优势也很显著。因而航空交通适用于中长距离的旅客运输、邮件运输和精密、贵重货鲜活易腐物品的运输。在军事上，航空交通也极其重要，正逐渐成为部队快速机动、运送和补给物资装备、运送伤病员等的最重要手段。

国防航空交通由军队运力和民航运力组成。军队运力以空军运输航空兵为主，海军、陆军运输航空兵为辅，是部队作战、训练、科研试验、抢险救灾航空运输保障的中坚力量。民用航空运输力量是军队遂行军事运输的重要力量。

航空运输起源于军事应用，1870～1871年普法战争中，法军曾用气球把被围困的90名政府人员和9吨邮件运出巴黎。1918年5月5日，飞机运输首次出现，航线为纽约—华盛顿—芝加哥。1918年6月8日，伦敦与巴黎之间开始定期邮政航班飞行。30年代有了民用运输机，各种技术性能不断改进，航空工业的发展促进航空运输的发展。第二次世界大战结束后，在世界范围内逐渐建立了航线网，以各国主要城市为起讫点的世界航线网遍及各大洲。各国尤其是发达国家航空运输发展最为快，如美国目前拥有民用飞机 22.6 万架，其中运输机 6000 多架，专业和私人用小型飞机 22 万架，其中美利坚航空公司（AA）是世界上最大的航空公司，拥有 750 多架飞机。全美共有 17643 个民用机场，其余为通用机场或私人机场。经美国联邦航空局签发经营执照的 670 个机场中，有 420 个左右的定期航班机场，另 1/3 机场为不定期包机飞行使用。全美现有 33 个国际机场，其中 17 个大型中枢机场作为国家门户机场。美国航空运输业之所以有如此大的实力和规模，除经营因素外，与美国民航的航空运输管理体制有极大的关系。美国民用航空运输在平战结合上，平时的管理体制为战时奠定了坚实的基础。我国航空运输起步较晚，但发展还是较快的，截至 2007 年年底，国内共有民用机场 148 个，运输机 1134 架，根据 2008 年国务院批准通过的《全国民用机场布局规划》，到 2020 年，国内机场将达到 244 个，全国 80% 以上的县级行政单位能够在地面交通 100 公里或 1.5 小时车程内享受到航空服务。

航空运输起源于军事，也广泛应用于军事力量投送。1916 年 4 月，英军在美索不达米亚第一次有组织地使用飞机实施空运补给。第一次世界大战后，航空军事运输进一步发展。1932 年，苏军从莫斯科向海参崴（符拉迪沃斯托克）

空运部队

空运了一个全副武装的步兵师。第二次世界大战期间，航空军事运输被广泛使用。1942 年 8 月 1 日～10 月 3 日，德军运输航空兵出动飞机 2.15 万架次，运送装备和油料 4.3 万吨到苏德战场。在缅甸战役中，1944 年 10 月～1945 年 5 月，美英军为了向东南亚盟军实施补给，采取联合空运行动，共空运物资 49.3 万余吨，人员 56 万余人，后送伤员 10 万余人。第二次世界大战后，航空军事运输发展更为迅速，空运的作用越来越大。第四次中东战争开战的第 4 天起，美军先后向以色列紧急空运补给物资 2 万余吨，对以军扭转初战失利的局面起了重要作用。1978 年 11 月，驻德意志民主共和国的苏军换防，出动军用运输机和民航客机 1400 架次，空运了 9 个师，共 10 万余人。1982 年，英国、阿根廷马尔维纳斯群岛战争中英军出动运输机 600 余架次，空运人员 5000 余人，物资 7000 余吨。1990～1991 年海湾战争，美军在动员部署阶段的 5 个多月中，动用庞大的空军运输力量，并租用 30 多家航空公司的 180 架飞机，共出动运输机 1.3 万余架次，空运人员 38.5 万和装备物资 50 余万吨。而在伊拉克战争中，美国在海湾地区部署的军队中有 99%（约 34 万人）是依靠空运完成的。2003 年 3 月 9 日战争正式打响之前，美军通过空运在海湾地区集结了大量的各类作战装备和保障物资。战争中，美军之所以能较顺利地完成战略准备及作战中的后勤保障，并取得速战胜利，主要就是依靠其庞大的战略空运力量。

1920 年 4 月，中国民用航空进行首次试飞。抗日战争时期，国民党军队开始组建空运部队。1944 年，八路军在山西黎城修建简易机场，开始利用飞机在黎城—延安之间运送人员和物资。1949 年 10 月，中国人民解放军空军组建第一个空运分队。1949 年 10 月 ~ 1950 年 1 月，中国人民解放军进军新疆时，曾先后从酒泉到迪化（今乌鲁木齐）空运部队 1.5 万余人，各种物资 48 吨。1950 ~ 1953 年年初，中国人民解放军向西藏进军时，空运部队开辟了 25 条航线，出动飞机 1300 余架次，空投物资 2400 余吨。1950 年 12 月，组建第一个航空兵团；1951 年 4 月，在该团基础上扩编为运输航空兵师。以后，航空军事运输在作战、训练和支援国家建设、抢险救灾中，都发挥了重要作用。

美军的战略空运主要由军事空运司令部负责，必要时可利用空军后备队运输机和民航飞机担负部分空运任务。战术空运包括战区空运和战场空运，战区空运通常由战区空军司令部负责；战场空运通常由军、师的陆军建制飞机实施，必要时可以得到战区空军的加强和支援。中国人民解放军的航空军事运输，是使用空军运输航空兵飞机进行的运输，由总参谋部负责，空军组织管理；使用民航飞机进行的军事运输，由总后勤部军事交通部门归口管理，直接纳入民航运输计划，由民航部门和军事交通部门共同组织实施。军运计划分为年度计划、月度计划和临时计划，在组织实施时，由提计划单位按规定的运输范围提出申请，报总部、军区军事交通部门审批。

【点评】国防航空交通以速度快、可超越地理障碍等突出特点，成为平时和战时紧急、重要军事运输保障的主要手段，是军事综合运输体系的重要组成部分，世界各国对国防航空交通都非常重视，美国等一些国家均强调发展战略空运，加强战术空运。

国防公路交通：投送方式最活

由于公路交通网一般比铁路、水路网的密度要大十几倍，分布面也广，因此公路运输车辆可以"无处不到、无时不有"。公路交通在时间方面的机动性也比较大，车辆可随时调度、装运，各环节之间的衔接时间较短。尤其是公路交通对客、货运量的多少具有很强的适应性，汽车的载重吨位有小（0.25～1吨）有大（200～300吨），既可以单个车辆独立运输，也可以由若干车辆组成车队同时运输，可进行"门到门"、"点对点"式运输，可谓投送方式最为灵活。

盘山公路

　　公路交通是在公路上运送旅客和货物的交通方式，是交通运输系统的组成部分之一，主要承担短途客货运输。现代所用运输工具主要是汽车。因此，公路运输一般即指汽车运输。在地势崎岖、人烟稀少、铁路和水运不发达的边远和经济落后地区，公路为主要运输方式，起着运输干线作用。公路交通是19世纪末随着现代汽车的诞生而产生的。初期主要承担短途运输业务。第一次世界大战结束后，基于汽车工业的发展和公路里程的增加，公路运输走向发展的阶段，不仅是短途运输的主力，并进入长途运输的领域。第二次世界大战结束后，公路运输发展迅速。欧洲许多国家和美国、日本等国已建成比较发达的公路网，汽车工业又提供了雄厚的物质基础，促使公路运输在运输业中跃至主导地位。发达国家公路运输完成的客货周转量占各种运输方式总周转量的90%左右。

公路用于国防交通始于 20 世纪初，1914 年马恩河战役开始，法军曾用汽车运送 5000 余人参加作战，是一次规模较大的、有组织的汽车军事运输。第二次世界大战期间，利用汽车进行军事运输更加广泛。苏军转入总反攻时，主要依靠汽车实施运输保障。美军在意大利战场发动进攻时，曾得到 3.2 万辆汽车的支援。英美军在诺曼底登陆后的头三个月，主要使用汽车运输人员和物资。战后，随着汽车和公路的迅速发展，公路军事运输也得到很大发展，运输量在军事运输中的比重日益增大。

1919 年，中国北洋政府西北边防军开始使用汽车进行军事运输，并建立汽车勤务。抗日战争时期，八路军西安采办委员会设有运输科，配有汽车及押运人员，并组建第一个汽车队实施军事运输。解放战争时期，中国人民解放军开始组建汽车部队，并建立管理机构。辽沈战役期间，东北军区组建有 5 个汽车团和 1 个汽车队，进行运输保障。中华人民共和国建立后，公路军事运输得到很大发展，在总部、军种、兵种、军区和各野战部队均编配有汽车部队，实施军事运输。1954 年，青藏（西宁—拉萨）、川藏（成都—拉萨）公路建成通车，自通车至 1994 年年底，仅汽车部队运送进藏物资就有 370 多万吨。1972 年 6 月至 1973 年 12 月，为支援越南抗美作战，中国在中越边境地区开辟了 5 条公路运输线，使用汽车 2100 余辆，出车近 16.8 万余辆次，运入越南的物资达 62.3 万余吨。

世界许多国家军队都编有汽车部队，平时部队机动和物资供应，主要依靠自身运力完成，必要时吸收社会运力参加。苏联军队在后勤部设有汽车运输部和道路部。汽车运输部负责计划、组织汽车运输，领导所属汽车部队和分队；道路部负责准备与管理后勤需要使用的战略公路和战役公路。美军在陆军部设有军事交通管理司令部，负责军事交通的管理和国防公路的修建；在陆战区内的军事运输，以汽车运输为主，通常按部队建制编成数个汽车纵队，采用多条路线进行运输。

中国人民解放军的国防公路交通，由军队各级后勤运输部门管理。平时，执行正常运输任务时，一般使用本级编有的运力；遇有作战、训练、国防施工和营建等运输任务而运力不足时，可向上级提出申请，统一调配运力。战时运输，主要由部队自身运力完成，运力不足时，可动员使用社会运力。公路交通，实行分级管理的计划运输制度，各级运输勤务部门为计划管理单位，负责办理各单位提报的运输计划，并督促检查计划的执行情况。组织实施公路运输应根据运输任务、运输能力、道路、气象等实际情况，周密计划，合理安排，统一指挥，尽量保持汽车部队的建制完整。常用的运输方法有直达运输、接力运输、伴随运输和循环运输等。战时运输条件差，情况复杂，运输保障困难，尤需注意装、运、卸的紧密配合，加强交通调整勤务，做好警戒和防卫，搞好伪装和隐蔽，保证快速、安全地完成运输任务。

世界各国都高度重视公路交通运输的发展，公路交通网络日趋完善，据交通部提供的资料，美国是世界上拥有高速公路最多的国家。美国从 20 世纪 50 年代中期开始，修建了 8.8 万公里的高速公路，约占世界高速公路总里程的一半，连接了所有 5 万人以上的城市。其中 54 条共计 6.44 万公里的州际高速公路形成了横贯东西、纵贯南北的美国公路主骨架，是美国人驾车出行的主要通道。建国初期，我国公路通车里程仅为 8.07 万公里，公路等级都在二级以下，有路面里程只有 3 万公里。2008 年年底，我国公路总里程已达 373 万公里，是建国初期的 46 倍。其中，高速公路里程 60302 公里，一级公路 54216 公里，二级公路 285226 公里，二级及以上公路占总里程的比例为 10.72%，而 1978 年二级及以上公路只有 1.2 万公里，比例只有 1.4%。公路密度由改革开放初期的 9.1 公里/百平方公里，提高到现在的 38.86 公里/百平方公里，是改革开放初期的 4.27 倍。

【点评】国防公路交通虽然具有运输量小、成本较高及持续性差的不足，但却具有灵活、机动性强的优点，是战役、战术后方实施部队机动和物资供应的重要手段。

国防水路交通：投送成本最低

水路交通是为目前各主要交通方式中兴起最早、历史最长的方式，其技术经济特征是载重量大、成本低、投资省，较适于担负大宗、低值、笨重和各种散装货物的中长距离运输，如自古海洋就有"舟楫之便，渔盐之利"之说，且由于水运运力省、能耗低，水路交通与公路、铁路、航空及管道相比，最为经济，水路交通至今仍是世界许多国家最重要的国防交通方式之一。

水路交通是以船舶为主要运输工具、以港口或港站为运输基地、以水域包括海洋、河流和湖泊为运输活动范围的一种交通方式。水路交通有着悠久的历史。人类还在石器时代，就以木作舟在水上航行，后来才有了独木舟和船。人类在古代就已利用天然水道从事交通。最早的交通工具是独木舟和排筏，以后出现木船。帆船出现于公元前4000年。15~19世纪是帆船的鼎盛时期。中国是世界上水路交通发展较早的国家之一。公元前2500年已经制造舟楫，商代有了帆船。公元前500年前后中国开始开凿运河。公元前214年建成了连接长江和珠江两大水系的灵渠。京杭运河则沟通了钱塘江、长江、淮河、黄河和海河五大水系。唐代对外运输丝绸及其他货物的船舶直达波斯湾和红海之滨，其航线被誉为

在长江中航行的军运船队

"海上丝绸之路"。明代航海家郑和率领巨大船队七下西洋，历经亚洲、非洲 30 多个国家和地区。1807 年美国人富尔顿把蒸汽机装在"克莱蒙特号"船上，航行在纽约至奥尔巴尼之间，航速达每小时 6.4 千米，成为第一艘机动船。19 世纪蒸汽机驱动的船舶出现后，水路运输工具产生了飞跃。1872年，我国自制的蒸汽机船开始航行于海上和内河。当代世界上水路运输发达，世界上许多国家拥有自己的商船队。现代商船队中已有种类繁多的各种现代化运输船舶。中国水路运输发展很快，特别是近 30 多年来，水路客、货运量均增加16 倍以上，目前中国的商船已航行于世界 100 多个国家和地区的 400 多个港口。我国当前已基本形成一个具有相当规模的水运体系，到 2008 年，全国轮驳船达到 18.4 万艘、1.24 亿载重吨位、100.9 万载客位，分别为 1978 年的 1.8 倍、7.8 倍和 1.9 倍，水运船队规模已经位居世界第 4 位。在相当长的历史时期内，我国水路交通对经济、文化发展和对外贸易交流起着十分重要的作用。

国防水路交通是指军队利用船舶和其他浮运工具沿水路航线（航道）运送人员和物资的运输。水路运输具有运量大、成本低、航线不易破坏等特点，是近水地区和濒海国家保障部队机动与物资供应的重要手段。国防水路交通通常分为内河交通、沿海交通和远洋交通。沿海交通和远洋交通也称海上交通。内河交通是使用内河船舶在江河、湖泊和水库上的交通；沿海交通是使用海船在大陆与岛屿间、岛屿与岛屿间、沿海各港口间的运输；远洋交通是使用远洋船舶跨越海洋的交通。

国防水路交通与水路交通相伴而生，中国战国时期已有"大船积粟……舫船载卒，一舫载五十人与三月之食，下水而浮，一日行三百余里"的记载（《史记·张仪列传》）。公元前 486 年，吴国开挖沟通长江、淮河的邗沟（今江苏扬州—淮安），以利于军事运输。后经历代续挖延伸改造，于公元 1293 年形成了杭州直达大都（今北京）的大运河，全长 1700 余公里，南方的军粮通过这条运河运到北方。19 世纪，蒸汽机作动力的钢制船舶大量增加，水路交通的能力迅速提高。第一次世界大战期间，法军利用内河运输了350万吨物资。第二次世界大战中，苏军通过水路运输物资约2150万吨，仅在1942年伏尔加河通航期内，就运输军用油料90余万吨。美军通过海运向欧洲战场运输人员729万余名、汽车150万辆、飞机4万余架、弹药1146万余吨及大量其他物资，海运量占美军总运量的80%以上。中国人民解放军在1950年海南岛战役中，使用2100多艘船舶，运输大批作战部队和物资，保障了登陆作战的胜利。1951～1954年，利用长江和其他内河共运输人员104万余名、物资158万余吨，对支援抗美援朝和解放东南沿海各岛屿作战起了重要作用。1990～1991年海湾战争，美军在动员部署阶段的5个多月中，动用军队的运输船135艘，后备船队的商船170艘，租用14个国家的商船35艘，共运送重型武器装备和补给物资600万吨。

世界各国都将民船动员及船厂能力平战转换作为战时补充海上输送力量和应付海上战争的重要手段。即使是世界头号经济和军事的强国美国，也把民船甚至是别国的商船作为海军的战时重要后备力量。英国将本国商船队作为海军的预备队。俄罗斯将商船、渔船等民用船舶作为预备役船队，承担"第二海军"的任务。第二次世界大战及以后发生的一系列现代局部战争的实践都证明，无论是海军强弱和国力贫富，战时民船动员及改装都是必不可少的，民船在战争中发挥了极大的作用。如在渡海作战中，民船可以承担各种作战任务，多数船舶可承担输送部队、武器装备和作战物资任务，有些船舶可承担火力支援、侦察警戒、扫雷布雷等战斗支援任务，有的船舶可以作为医疗船，执行海上医疗救护任务；还有的专用船舶可执行救助、打捞和修理等任务；中型以上的机动渔船，不仅可以输送人员和物资，经过改装后还可进行坦克、火炮等重型装备的滚装输送。民船在战场上所发挥的作用，已经被国内外历次海上作战成功经验所证明。

第二次世界大战期间，美国在欧亚战场上投入几百万军队，有74%的商船被征用为战争服务。第二次世界大战中的诺曼底登陆是一次最大的登陆作战行动，参战兵力达200余万人，盟军共建造、调集登陆船只4000余艘，征用商船1000余艘，突击输送部队100万人、汽车40万辆和物资300万吨。1950年，我军在解放海南岛战役中，征用了2100多艘帆船、机帆船，先后输送15万参战人员和大批作战物资，保障了登陆作战的胜利。英阿马岛战争中，英国征用商船、渔船等各种民用船舶近60艘，66万余吨，占英参战舰船总吨位的65%，占运输及保障船舶总吨位的87%，这些船舶将大量作战人员和武器装备运送到了预定战场。从某种意义上说，没有民船参战，英国就不可能取得马岛战争的胜利。英阿战争结束后，民船参战的成功经验进一步开阔了濒海国家的视野。把民用船舶作为海军强大的后备力量而纳入国防建设的重要轨道，已经成为许多国家共同关注的战略课题。因此，民船资源已经成为各国海上威力的重要标志。

我国国防水路交通分为两大部分：一是利用国家和地方运力的水路运输；二是利用军内编配运力的水路运输。我军从 20 世纪 50 年代初开始，有组织地使用国家和地方水路运力进行军事运输，向全国沿海和内河主要港口的运输企业派驻了军事代表机构，完成了大量水路军事运输任务，在保障军队和国防建设以及作战行动中发挥了重要作用。我军编配的水上运力主要是海军的勤务舰船和陆（空）军船艇部队。利用军内编配运力的水路军事运输，在作战舰船补给、科学试验、海洋考察及保障陆、空军海岛部队、内河水网地区部队的建设和作战方面发挥了重要作用。

中国人民解放军利用国家和地方水运部门船舶进行运输，按水路军事运输管理办法和有关规定办理。用船单位按月提出申请计划，报经军事交通部门核准后，批给军运号码，纳入国家水路运输计划，由驻水路沿线和地区的航务军事代表与水运部门共同组织实施。水路军事运输根据任务性质和运输对象的不同，分为特殊、重点和一般三个运输等级，由各级军事交通部门按规定进行掌管。对特殊运输，要求各级调度指挥部门严格按照运行图组织运行，并定时、定点通报，随时掌握装载、运行和卸载的全部情况。组织部队输送，通常按部队建制编成军运船舶梯队。输送人员，通常使用客船、客货船。运送部队重装备，内河一般使用甲板驳船，由大马力拖轮进行顶推或拖带，利用专设码头或临时搭设的重件码头进行装卸和自行上下；海上通常使用货船、滚装船和集装箱船，用大吨位船吊装卸和滚装滚卸。运输油料，使用专用油船，在专设码头上用油泵和管道组成的装卸系统进行装卸。战时组织水路军事运输，通常选择隐蔽航线，伪装船舶，组织护航，采取抢装、抢运、抢卸等办法。

国防水路交通虽然具有时效性差、连续性不强等缺点，但各国对国防水路交通的发展都很重视。有内河水运条件的国家，发展标准的深水航道网，采用大马力、大吨位的顶推或拖带船队，实施远距离运输。一些濒海国家发展远洋运输船队，提高战略海运能力。在船型和装卸方面发展和推广大型集装箱船、滚装船、专用油船、高速的水翼船和气垫船，研究海上活动码头的快速搭设、滩涂无码头装卸载工具和方法，提高特殊条件下的装卸速度和运输能力。在运输指挥方面采用先进的通信导航设备和电子计算机，实现船舶航行、调度指挥、货源组织、船舶配载、装卸和发运的自动化。

【点评】战争实践证明，国防水路交通对大规模军事投送具有重要意义，尤其是对于美军这样进行全球作战的军队来说，投送作战坦克等大宗、笨重军事物资，水路交通是必不可少的交通方式。

国防管线交通：流体物资动脉

管线交通，是用管道作为运输工具的一种长距离输送液体和气体物资的交通运输方式，是一种专门由生产地向市场输送石油、煤化工和化学产品的运输方式，是统一运输网中干线运输的特殊组成部分。管线不仅广泛应用于商业，而且也是国防交通建设中的重要组成部分。

国防管线交通，即是指军队使用管线输送流体物资的运输，主要用于输送液体燃料，也用于输水。管线军事运输使用的管线有：固定输油管线，是由钢管焊接埋地铺设的管线和输油泵站等组成的永久性管线，主要用于战略运输；野战输油管线，是由快装接头连接，在地面铺设的金属输油管或软质输油管，以及移动泵机组等组成的半永久性或临时性管线，主要用于战役运输和战术运输。管线运输是通过泵机组等输送设备，使流体物资在压力的驱动下沿着管线流向目的地。主要特点是：可以连续密闭输送，运量大、损耗少、运费低、比较安全；不易受天候影响，可以长期稳定运行；固定输油管线地面暴露少，野战输油管线目标小，便于伪装隐蔽，破坏后易于修复；运输中不占用道路和车辆，不需要装载容器，运输效率高；野战输油管线铺设、撤收迅速，便于转移，适于战场机动运输；只适于定点、量大的流体物资运输，不如其他运输方式灵活，承运的物资比较单一。

军事上使用管线输送液体燃料，始于第二次世界大战。美军为了使管道输送更适应军事上的要求，于1941年开始研究野战输油管线。1942年列宁格勒（彼得格勒）被德军包围，唯余拉苏加湖与后方遥遥相望，湖面亦被封锁，1942

格拉输油管线上的昆仑山口泵站

年6月，苏军通过拉多加湖湖底铺设了35公里长、100毫米口径的固定输油管线，持续20多个月每天输油600吨，满足了坦克、汽车和飞机的需要，至1943年3月，向被德军封锁的列宁格勒（彼得格勒）输送油料4万余吨。1943~1945年，美军在地中海、欧洲大陆和太平洋战场曾大量使用野战输油管线输送油料。据不完全统计，美英军队在第二次世界大战中所消耗的油料，约有70%是通过野战输油管线输送的。2003年3月，美英对伊拉克发动战争初期，由于美英联军过分强调速战速决，后勤补给线严重"超长"，并时常遭到伊军的袭扰破坏，油料保障一度受阻。为了源源不断地为前线输送"战争血液"，美军海军陆战队的预备役部队，紧急铺设了90英里长的6英寸软质野战输油管线，从科威特的补给基地开始，穿越伊拉克的南部沙漠向北延伸，日输送油料50万~100万加仑，对美英联军的一线机械化作战部队实施了及时有效的油料保障，这条野战输油管线被称为

"沙漠油龙"。目前一些工业发达国家军队的油料耗量，平时已占各种物资总消耗量的 40% ~ 50%，战时则高达 60% ~ 70%。因而，许多国家的军队更加重视输油管线建设。美军的许多军事设施，包括空军基地、舰队港口供油都是由管道输送服务的。北大西洋公约组织于 20 世纪 50 年代初开始建设输油管线系统，到 80 年代陆续建成 6 个分系统，管线分布于 11 个国家，总长度超过 1 万公里，将炼油厂、港口、油库、机场连接起来，组成输送与储存相结合的供油管网，既可为军队供油，又可为民间输油。

中国抗日战争后期，国民政府同在华美军合作，修建了中印输油管线（从印度的加尔各答经缅甸到中国昆明）的中国境内段，长 1100 余公里，为中、美军队输油，是中国使用管线进行军事运输的开始。中国人民解放军于 20 世纪 50 年代末，引进部分野战输油管线设备。60 年代初，制造一些装配式钢管和配件，用于野战油库短距离输油。70 年代初，开始生产长距离野战输油管线成套设备，除无偿援助越南几千公里野战输油管线成套设备外，还在广西凭祥铺设了 4 条野战输油管线，与越南境内的管线相接，连续 4 年向越南输送 127 万多吨的汽油和柴油。1973 年野战输油管线装备部队后，不仅有效地保障了作战和军事演习的油料供应，还在抢险救灾和支援地方经济建设中发挥了作用。1974 年的某岛自卫反击作战，1979 年的边境自卫反击作战，均铺设了野战输油管线，保证了飞机和汽车的用油。1977 年建成的格拉输油管线，全长 1000 多公里，年输油能力达 20 多万吨，可顺序输送 4 种成品油，自建成以来，为西藏的边防建设和经济建设做出了重要贡献。

管线交通的管理体制，各国不同。北约输油管线系统，既设有统一领导的国际管理机构，又设有按管线所在国划区分工管理的机构。如中欧输油管线分系统由中欧管理局负责管理，在各国设立的 7 个分区，分别对本国领土上的管线负责管理。美军的输油管线由战区工程兵的管线铺设分队负责铺设与修理，油料大队管线作业分队负责输油管理。中国人民解放军由总后勤部统一指挥管线军事运输，由军区、军种后勤部门的管线部队、分队负责野战输油管线的铺设与输油管理。

管线交通的管理内容主要有：计划管理，根据输送任务，编制年、月输送计划，全线运行计划和设备维护检修计划，以及辅助系统作业计划；技术管理，根据油品特性和输送量，确定输送方法、流程和管线运行的基本参数，及时解决输送中出现的技术问题，保证油品质量，防止漏损；运行调度，按运行计划进行全线指挥、调整、监视等工作，保证按运输计划完成输送任务，一旦发生事故，调度人员立即采取措施进行处理；管线和设备的管理，定期进行巡回检查，并进行维护修理，保持管线正常运行和安全输油。

为加强军事专用管线管理，各国基本上都组建了专业的管线勤务部队，担负输油管线铺设、输油、管理和维修任务。通常由铺设、管理、维修、通信等专业分队编成。其主要任务是负责输油管线的输油及其管理、维修、通信、警卫和野战输油管线的勘察选线、工艺设计、铺设、撤收等，具有机械设备多、技术性强、驻地分散等特点，需要严格训练，严密组织指挥和协调一致的工作。输油管线部队是随着管线运输在军事上的应用而产生和发展起来的。第二次世界大战后，美、苏等一些国家开始组建输油管线部队，但其编制、装备和任务不尽相同。前苏军总后勤部和方面军分别编有管线旅，下辖4个管线营、1个运输营，以及通信连、维修连等专业分队。每个管线营编有2个管线铺设连，1个管线管理连，装备野战输油管线及运管车、铺管机、工程机械等。每个营可负责150公里野战输油管线的铺设与输油管理。美军战区工程兵部队编有管线铺设分队，负责野战输油管线的铺设与修理，战区陆军油料大队编有管线作业分队，每个作业分队可负责100公里野战输油管线的输油管理。

【点评】信息化条件下，战争已没有前后方之分，且后勤保障成为精确打击的重点，管线运输由于具有隐蔽性好、生存能力强的优点而日益受到重视，未来作战中由管线承运的物资数量和品种将不断增多，管线运输的应用地域也将不断扩大。

参考文献

1. 岳松堂、华菊仙、张更宇编著：《美国未来陆军》，北京：解放军出版社，2005 年版

2. 王青编著：《21 世纪军兵种》，北京：新华出版社，2002 年版

3. 闵增福编著：《美国未来空军》，北京：解放军出版社，2006 年版

4. 高俊主编：《数字化战场的基础建设》，北京：解放军出版社，2004 年版

5. 季卜枚等著：《数字化战场》，北京：长征出版社，2004 年版

6. 《世界国防科技工业概览》编委会：《世界国防科技工业概览》，北京：航空工业出版社，2004 年版

7. 中国战争动员百科全书编审委员会：《中国战争动员百科全书》，北京：军事科学出版社，2003 年版

8. 任民著：《国防动员学》，北京：军事科学出版社，2008 年版

9. 吴景亭编著：《战争动员》，北京：解放军出版社，1987 年版

10. 张羽编著：《战争动员例评》，沈阳：白山出版社，1996 年版

11. 段树荣主编：《军事交通运输概论》，北京：军事科学出版社，2005 年版

12. 《现代军事》，中国国防科技信息中心主办，1999.01 ~ 2009.10

13. 《世界军事》，新华社解放军社主办，1999.01 ~ 2009.10

14. 《军事文摘》，中国航天防御技术研究院主办，2001.01 ~ 2010.02